## Le mot de l'auteur

Pourquoi réaliser un livre sur la campagne présidentielle ? Quelle légitimité?

« Ne restez pas sur le passé, regardez vers l'avenir », expliquait en substance Véronique Waché, conseillère en communication de Nicolas Sarkozy, à l'auteur. Très poliment, au terme d'un court entretien téléphonique à la fois cordial et retenu. L'auteur venait en effet d'évoquer avec elle certaines des accusations lancées en coulisses, tout au long de la campagne et jusqu'en 2018, par divers membres du premier cercle filloniste. Elle se contenta de refuser de commenter ce qu'elle qualifia immédiatement de «bruits de couloir.» Devant les insistances de l'auteur, elle préféra l'inciter à regarder vers l'avenir et doutait à demi-mot de ses capacités à mener un tel travail d'investigation. « Vous êtes militant », répéta-t-elle.
Ce travail sera pourtant mené à l'aune de mes études de journalisme, de mes stages et postes au sein de rédactions, et d'une déontologie stricte. J'ai pris soin de ne pas faire de communication, tout en restant bienveillant et, je l'espère, nuancé. De fait, « tout le monde en prend pour son grade » confiera l'un des relecteurs du manuscrit.

Qui suis-je cependant pour compiler ces près de 250 témoignages, interroger des députés, d'anciens ministres, d'anciens et actuels chefs de cabinet, décrypter les organigrammes officiels et officieux. Je n'ai aucune légitimité, sinon celle de ma bonne volonté et de la petite visibilité que j'avais acquise durant la campagne.

Avais-je les compétences requises pour m'attaquer à une telle entreprise de décryptage d'un des plus formidables désordres organisés de cette décennie ? Probablement pas. Initialement, en tout cas. Je fus ainsi aidé par de nombreuses personnes, que je ne saurais jamais suffisamment remercier. Beaucoup de personnes plus âgées qui arpentaient les coulisses depuis longtemps et furent prises de sympathie à l'égard de mon projet. Elles pointèrent parfois quelques inexactitudes ou autres imprécisions, et m'aiguillèrent afin de les solutionner. Étrangement, jamais ils ne cherchèrent particulièrement à l'orienter. Quelques-uns des participants se mirent bien sûr un peu en valeur, exagérant de temps à autre leur propre participation, ou se dédouanant, mais c'était de bonne guerre. D'autres encore n'assumèrent finalement plus leurs propos, les uns demandant simplement si une rectification était possible, quelques rares autres exigeant froidement leur retrait. Mais se gardant bien de pointer les « erreurs » qu'ils auraient détecté. « Faites votre travail de journaliste et laissez-les dire! », me conseilla laconiquement une collègue. C'est donc en multipliant les entretiens que les zones d'ombres disparaîtraient inexorablement. Certains membres de la campagne Fillon se détestaient par ailleurs entre eux, ou cherchaient à acquérir une certaine aura personnelle au détriment des autres. Classique. Ca complexifiera

2

pourtant d'autant la rédaction de ce travail.

J'éviterais donc d'évoquer ces querelles de personnes, secondaires en réalité durant la Primaire, et qui ne m'importaient qu'au moment de réfléchir à ma méthode de travail. Il faudrait en effet adopter une certaine attitude de recul afin de tirer la substantifique moelle des témoignages et garder la tête froide.

Beaucoup d'intervenants refusèrent au contraire de parler, et firent seulement des confidences sous le couvert du 'off'. C'est le cas notamment de divers cadres de Sens commun, particulièrement pointés du doigt après la campagne présidentielle. D'autres, candidats alors à la présidence des Républicains, répétaient à l'envi qu'ils avaient hâte de partager leur expérience quand j'évoquais les mots « travail journalistique », et s'empressaient même de me donner le numéro de leur chef de cabinet, puis m'oublièrent une fois passée l'élection. Trois appels et autant de SMS n'y firent rien.

Bruno Retailleau, informé de ma démarche par une cadre de Force Répubcaine, déclina la proposition faute de temps, mais fit passer ses encouragements par le biais de ses assistants. Par téléphone, ce qui est assez élégant.

Beaucoup de jeunes militants et cadres craignaient de même pour leur avenir professionnel. Rester lisse, ne pas faire trop de vagues, pour ne pas se fermer de portes à l'avenir.

« C'est moi qui ai reçu un jour les […] pour Fillon, mais surtout ne parlez pas de ça car ce type est dangereux. Je n'ai pas envie d'avoir des problèmes. C'est comme ces documents que [...] et puis non, on n'en parle pas, je préfère », confia l'un des cadres de la campagne, pourtant assez âgé et respecté. Je n'évoquerais donc pas l'objet de cette conversation, afin de ne pas mettre cette personne en situation de porte-à-faux. Avoir ainsi de plus en plus d'éléments « croustillants » en main était extrêmement grisant, mais les mises en garde s'accumulaient au même rythme. L'impression d'avoir soulevé un caillou, et de découvrir en dessous une fourmilière. « [...] est dangereux, il n'hésitera pas à vous faire flinguer par ses avocats. Ne parlez pas de ça », ajouta même l'un des piliers de la société civile avec Fillon. Jeune homme tout frais sorti d'école de journalisme, le risque était en effet pour moi disproportionné.

J'espère juste donner envie à un enquêteur plus aguerri de continuer ce travail, que j'ai trouvé personnellement passionnant, grisant et profondément démoralisant à la fois. J'avais envisagé un soir, juste après un entretien avec un porte-parole de la campagne, sur un coup de tête, de ne plus jamais voter. J'avais en effet eu l'impression un moment que ça ne servait en réalité à rien, que les dés étaient invariablement pipés. C'est heureusement plus complexe que ça.

Les uns trichent, les autres manipulent, les lobbies et médias façonnent l'inconscient collectif à grand renfort de propagande politique ou d'angles choisis à dessein. Mais au fond, c'est uniquement en acceptant les règles du jeu que l'on peut continuer à avancer.

La soi-disant maîtresse d'Alain Juppé, le prétendu baiser qu'Emmanuel Macron aurait fait à Gaspar Gantzer derrière un pilier, les taupes qui auraient été placées dans les équipes d'autrui, la Ferrari qui aurait été offerte par le patron de Fiat et que François Fillon aurait cachée dans une ferme voisine le jour de la perquisition de son manoir sarthois, autant de « révélations » qui n'avaient rien de désintéressées. Des documents, photos, mails et SMS étaient aussi montrés ci-et-là sur un téléphone portable ou une tablette. Invérifiables, bien sûr.
De temps en temps, c'est au coeur de la pissotière de Clochemerle que je me trouvais.

Trois à quatre mille pages de notes manuscrites trônaient finalement sur mon bureau au moment de rédiger le bilan de ma petite enquête. Un carton entier. Un exceptionnel exercice pratique, pour lesquels les cours d'« enquête journalistique » prodigués jadis par Jacques Hennen, ancien rédacteur en chef du Parisien, et les encouragements de Bruno Dutilleul, qui fut le dynamique pilier de l'émission belge Strip-Tease, ont été une véritable bouée de sauvetage. J'espère pouvoir me montrer digne de leurs leçons. Jean Réveillon, charismatique, bienveillant et pointilleux m'inspira également beaucoup durant cette année.

Beaucoup d'éléments seront éludés dans le présent livre, ou présentés au conditionnel. Choisir, c'est renoncer. Certaines « révélations » étaient en effet vraisemblablement fausses, voire diffamatoires, d'autres non. Certaines choses ont été facilement vérifiables, par une lecture soigneuse du journal officiel, une demande de copie d'acte d'état civil ou un coup de téléphone à un commerce. Ils pourraient éventuellement faire l'objet de futurs écrits, mais ne concernent pas forcément directement le déroulement proprement dit de la campagne. La plupart des éléments qui m'ont été confiés, en revanche, ne peut être étayée par des preuves solides. Certaines choses ont été révélées par la suite dans les journaux, d'autres sont démenties avec force depuis assez longtemps. A tort ou à raison.

Certains ne manquèrent pas de préciser que 'tout se sait' dans ce petit monde très parisien, précisant en revanche que le messager prenait toujours le risque d'être 'l'idiot utile' des autres. Ils préféraient donc probablement que ce soit moi qui enfile l'habit de Cassandre, et insistèrent sur leur exigence d'anonymat.

Cette campagne, je l'ai aussi vécue de l'intérieur. J'ai pris plaisir à croiser des gens formidables tout au long de l'année 2016, j'ai frissonné la semaine précédant la premier tour de la Primaire de la droite et du centre, j'ai souffert des attaques foncièrement injustes d'Alain Juppé, j'ai supporté autant les remarques de mes camarades de promotion d'école de journalisme que celles 'd'anciens' amis. « Voleur », « idiot », « lavage de cerveau par Sens commun. » Mes amis se révélaient soudain macronistes pour les uns, socialistes pour d'autres, et fermèrent du jour au lendemain leur porte. Une plongée accélérée dans ce que le monde réel a de plus cynique et tragique. D'autres demandaient soudain des intercessions afin d'obtenir tel logement social ou tel avantage auprès d'élus. Ils fantasmaient vraisemblablement le monde politique, et surévaluaient la capacité réelle d'influence des militants sur les décisions de leurs élus. Elle est insignifiante, sinon nulle. On accepte seulement d'être de dociles fantassins au service d'un projet qui nous semble juste ou, pour certains, afin de satisfaire un impérieux besoin de surcompensation narcissique.

Mes camarades de promotion en école de journalisme étaient même majoritairement mélenchonistes, ou à minima socialistes, « féministes militants », « bobo parisien né dans le XVIe » (sic.), « hédonistes. » Seuls quatre mousquetaires plutôt à droite, et qui eurent la vie dure, gâchaient ce tableau assez rougeoyant. Tous plus âgés, de 27 à 52 ans. Est-ce pleinement représentatif des autres écoles de journalisme de France? Peu probable. L'on se répétait juste que, il n'y a pas si longtemps, le journaliste-type de la Voix du Nord prenait sa carte au PS ou au PCF. Rassurante légende urbaine.

Cette ambiance de sectarisme journalistique et de manque d'esprit critique me marqua profondément au sein de cette promotion, alors que j'adorais au contraire me faire l'avocat du diable et jongler avec les idées les plus farfelues. Le plaisir de jouer avec les mots, de valoriser l'esprit de contradiction afin d'initier un débat pourtant perdu d'avance et de mener une partie d'échecs verbale, s'opposaient à un proto-tribunal de l'inquisition médiatique. Ils étaient seulement désireux de poser les limites des sujets abordables, comme s'ils craignaient au fond que les piliers de leur monde idéalisé ne puissent s'effriter. Ainsi, il fallait rentrer dans le moule de la pensée ou sortir du groupe. Un étudiant s'autorisa un jour à invectiver violemment un ancien directeur général d'une chaîne nationale qui nuançait ses théories manichéennes sur les dominants et les dominés, à grand renfort d'expériences vécues pourtant, tandis qu'un autre étudiant tournait en dérision un intervenant en théologie qui avait aussi le malheur d'avoir été ordonné prêtre. Autant de péchés mortels pour ces ayatollah d'une cause, qui semblaient formatés à réagir théâtralement à certains stimuli. Le costume de Christine Angot leur plaisait tant, qu'ils s'imaginaient probablement déjà enfiler celui de Zola. De futurs présentateurs de journal télévisé et chroniqueurs de presse étaient peut-être là, face à moi, imbus de leur supériorité idéologique fantasmée.

Ils avaient pourtant une culture générale souvent assez lacunaire. Ils ne connaissaient pas Patrice de Mac Mahon, ni Adolphe Thiers, mais affirmaient que les fiers citoyens rêvaient de République et de Commune dès la chute de Napoléon III. Ils ne manquaient pas de répéter durant les cours de droit constitutionnel les poncifs sur l'égalité probablement entendus à quelque rassemblement nocturne alors à la mode, et traitaient de complotiste celui qui leur rappelait que Rouget de Lisle composa aussi « Vive le Roi » en 1814. Leur logiciel interne semblait alors avoir un « bug. » Leurs absolus devaient le rester, alors que la réalité est toujours plus nuancée que leurs flamboyants monologues.

Le Droit et la rigueur cédaient pourtant le pas dans la promotion à la dictature de l'opinion et des pleurnicheries, l'idéal journalistique s'effaçait afin de mieux défendre Tariq Ramadan durant une séance consacrée à l'analyse de l'actualité.

Au fond, il était assez amusant de les voir partir bille en tête, vociférant leurs certitudes. Nous les provoquions même peut-être un peu à dessein.

Idéaliste, j'estimais toujours que le journaliste devait être neutre et objectif, ce à quoi un présentateur de France 2 me répondit finalement durant un échange Facebook que je n'y comprenais rien à rien, précisant même qu'un journaliste devait être acteur de son temps et garant d'une bonne hiérarchie des valeurs. Un militant, donc. Réponse enfin claire et définitive. Un autre rédacteur en chef me confia sur Linkedin qu'il ne pourrait plus recommencer une carrière de journaliste aujourd'hui, car ce métier ne correspond bien souvent plus à ses principes.

Je ne m'étais auparavant jamais réellement intéressé à la politique, et encore moins aux fameuses « Valeurs » militantes qui les crispent tant. Ce ne sont pas des questions que l'on se posait au quotidien à la maison. « Le business c'est propre, la politique c'est sale », me disait même un jour un ancien diplomate iranien réfugié à Mougins. Issu d'une famille de province, j'avais appris à me tenir à distance de ce monde à la fois nébuleux et effrayant. «Des voleurs, des menteurs et des magouilleurs», disait parfois une tante à la fin du réveillon de Noël, sur le ton de ces brèves de comptoir que toutes les familles de France connaissent. Mon père, chevalier de la légion d'honneur et chevalier de l'ordre national du mérite au titre de sa belle carrière au service de la République, prenait également beaucoup de recul vis-à-vis de ce monde de dupes. « Quelle 'valeur' donner en effet à un bout de papier qu'un chanteur ou qu'un ami de ministre reçoit si facilement ? », me demandais-je souvent. Au fond, un acteur voire un clown la recevait plus aisément qu'un soldat qui étalait ses tripes sur les champs de bataille. J'en pris conscience notamment lors d'une conférence géographique faisant le point sur le bilan des opérations extérieures de la France, où un colonel évoquait cette terrible inégalité de traitement. Cette hiérarchie de la valeur semblait profondément injuste. Le sacrifice de soi n'avait décidément plus rien de poétique et, de fait, la République semblait perdre jour après jour de sa superbe.

# Les «radicalisés», chronique d'une lapidation politico-médiatique

Deux de mes arrière-grands-parents sont décédés en 1942 près du Mans, un troisième avait dû se cacher durant toute la guerre dans une cave des environs de Cherbourg. Trop fiers pour obéir à un envahisseur allemand. Ma grand-mère racontait également souvent les événements du débarquement en Normandie, qu'elle aperçut entre deux explosions du côté de Sainte-Mère-Église. «Le fameux film est bien en-deçà de la réalité», répétait-elle parfois aux fêtes de famille. Mon grand-père, particulièrement marqué par cette période, fut volontaire peu après le second conflit mondial pour la guerre d'Indochine. Il avait si souvent uriné sur les uniformes allemands séchant le long du ruisseau, affronté sans broncher les gifles des soldats, « résisté » comme on peut le faire à 10 ans, qu'il ne pourrait en rester là. Désireux de servir la France, mais bien trop jeune encore, il dut attendre la campagne d'Algérie pour s'engager. Pour sauver des vies et faire son Devoir de citoyen.

Servir la France faisait alors sens.

Alors que ma grand-mère racontait souvent qu'elle fut classée première de France à l'une des épreuves du Baccalauréat, je choisis naturellement de mener des études d'Histoire afin de devenir professeur. D'être digne d'elle. Qu'importe que mon point fort eut été la Physique et les sciences de l'Ingénieur, et qu'un « prof ça ne gagne rien », j'étais habité par une petite flamme sacrée. Assez bon élève, j'obtins pêle-mêle quelques diplômes spécifiques (certificat d'excellence en Allemand, certificat d'informatique, petite distinction honorifique en anglais), je publiais quelques textes dans des magazines historiques et archéologiques, ou des webzines (faisant 6 millions de vues). Je servais aussi de 'source' pour divers articles du jeune wikipedia, je multipliais les options (archéologie, histoire de l'art, archéologie spéléologique, cartographie, allemand renforcé, géographie des conflits) et m'inscrivais à tous les concours possibles (Big challenge, concours de la Résistance et de la Déportation, les Dicos D'or, concours trinational de musique, chorale…) avec en tête l'idée de pouvoir partager ensuite quelque chose. Le modèle du bon élève perdu dans ses études, préférant parfois ses rêves aux thématiques capillotractées des professeurs, refusant peut-être au fond de rentrer pleinement dans le monde réel. Ainsi, ma première rencontre en tant que professeur stagiaire avec les élèves d'un collège assez difficile fut-elle une complète surprise. Un désaveu. J'avais semble-t-il une vision de l'enseignement trop approfondie et exigeante à l'aune des actuels standards. J'eus beau tenir en main les élèves, à défaut de réussir à leur enseigner que le ministre de l'Intérieur ne s'occupe pas du ménage à l'Elysée (véridique), j'étais désormais surnommé 'Mein General' par les autres stagiaires à force de devoir calmer les petits caïds de cour de récré. Déprimant. A quoi bon jouer au policier, si au final on a l'impression que tout ceci ne rime à rien ?

En attendant, j'avais aidé à initier une télévision étudiante subventionnée par divers fonds

nationaux et européens, créé moi-même une petite télévision locale associative thématique et créé un club photo. Puis j'acceptais le poste de trésorier-adjoint d'une grosse association socioculturelle gérant un budget de l'ordre de 400'000€, et celui de secrétaire-adjoint d'une petite radio locale. Je fus membre d'un office municipal des sports et loisirs deux ans durant, également. L'année suivante, je réalisais le clip d'une campagne de lutte contre le Sida, organisais un voyage universitaire avec l'aide financière d'une Commission ad-hoc, organisais trois expositions d'art, ou décrochais une bourse européenne 'jeunes talents' afin de mener un autre projet photographique. Puis, l'ennui venant, je commençais à faire du sport en mars 2014, décrochais un sas 'Élite' en athlétisme en septembre 2015, puis fus accepté pour concourir au championnat de France de cross de ma fédération en novembre 2015. Quelques podiums et beaux classements concluraient l'année 2016.
J'avais en fait trop d'énergie à revendre pour pouvoir la garder en moi, il me fallait d'autres défis.

Autant de compétences qui me seraient utiles à nouveau durant la campagne présidentielle. Découvrant le journalisme grâce à un chef de rédaction à qui je livrais parfois des articles sur les cafés géographiques organisés par l'Université, je pus devenir correspondant puis rédacteur de presse. Quelques 'Unes' locales, et la rédaction d'un dossier régional assez pointu passé en Une régionale finirent de me convaincre de me reconvertir dans cette branche. Un poste de responsable adjoint d'un supermarché de proximité parachevait alors mon emploi du temps. Une rencontre ensuite avec d'anciennes élèves, -de bonnes élèves -, au détour d'un événement, puis leurs remerciements pour ces cours « enfin sereins et passionnants », me confortèrent dans ce choix. Je voulais partager du savoir, mais cette fois-ci avec des gens davantage désireux de le recevoir!

Un déménagement à Lille afin de prendre des cours de journalisme devenait une évidence. Après avoir décroché une admissibilité à l'ESJ Pro, avec les félicitations du professeur chargé de m'évaluer, je choisis finalement d'intégrer un cursus de l'ESJ Paris, école qui me paraissait plus prestigieuse encore. Cette école proposait en effet de nombreux cours théoriques sur le milieu politique, ou des échanges avec des philosophes et des élus. Ce Master me permit par ailleurs d'avoir comme camarade de promotion André-Paul Leclerc, à la fois ancien membre au conseil d'administration de l'association familiale Mulliez et l'un des directeurs d'Auchan, ou un enfant de ministre s'initiant à la communication. Autant de monuments nationaux, face à un idéaliste sorti de sa province. André-Paul voulait en effet se reconvertir et devenir journaliste, deux mondes s'entre-choquaient donc ce faisant. Au fil du temps, le décalage énorme entre mes échanges quotidiens avec cet homme érudit, charismatique, respectueux, curieux et ouvert, à qui je donnais des 'cours' de maniement de la caméra et qui m'invitait à l'occasion chez lui pour discuter, et cette image du 'réac' miteux' qu'on voulait lui coller à la peau, m'avait profondément marqué. André-Paul fut en effet élu entre temps sous les couleurs du mouvement Sens commun.

Peu avant, une petite participation à une campagne municipale au sein d'une petite ville de province en 2014, à l'invitation d'un ami de mes parents, largement élu sans étiquette, fut ma première incursion dans le monde politique. Grisant. Suivre son évolution ensuite au conseil départemental et pendant la campagne législative permit de mettre beaucoup de choses en perspective.

J'avais ensuite fait des demandes afin de rencontrer les Républicains dès 2015, afin de mieux appréhender la politique française. Je trouvais logique en effet de prolonger l'engagement informel que j'avais eu en faveur de Nicolas Sarkozy en 2012, bien que n'étant alors que la conséquence d'une habitude électorale assez grégaire. Cependant, elles avaient toutes été refusées. D'autres projets se substituèrent donc à la politique, en lien paradoxalement avec des personnalités de gauche. Je me fis en effet trop d'amis lillois sympathisants communistes et socialistes pour décliner leurs invitations. Ils ne jugeaient pas excessivement de la valeur des idées des autres, sans pour autant être d'accord, et adoraient le débat d'idées. De doux rêveurs, un peu comme moi.

Delphine Batho m'impressionna particulièrement cette année-là, paradoxalement, même si ses incitations à rejoindre le PS pour « former la nouvelle génération » lancées en fin de conférence à Sciences Po restèrent sans suite. Une rencontre similaire avec l'un des responsable du GIEC qui fut gratifié du prix Nobel de la Paix en 2007 fut également marquante.

Au printemps 2016, m'intéressant désormais davantage à la Primaire de la Droite, ma seule rencontre avec Nicolas Sarkozy au terme d'échanges de SMS avec les membres de son cabinet fut une catastrophe. Le mépris profond qu'il semblait opposer à ses interlocuteurs m'incita à passer mon chemin. Celui que j'avais soutenu quelques années auparavant semblait changé. Une conférence de Bruno Le Maire dans les locaux de Science Po Lille me laissa en outre l'image d'un homme terne, beau parleur et superficiel. Intéressant, mais sans aucun supplément d'âme.

C'est ma rencontre avec Françoise Hostalier, responsable de la campagne dans le Nord, puis une courte discussion avec François Fillon, qui changeront ma perception des hommes politiques de droite. Attendu à un meeting, l'ancien Premier ministre finit calmement sa conversation avec moi et proposa même de faire une photographie, tandis qu'Eric Chomaudon, son chef de cabinet, pestait sur sa montre. Un candidat calme et maîtrisé, auréolé d'une certaine empathie, capable d'écoute et dépourvu d'arrogance. L'inverse de Nicolas Sarkozy.

En septembre, je rejoignais donc Antonin Feré, responsable des jeunes fillonistes du Nord. Nous étions alors trois, ce qui m'autorisa à prendre ensuite en main la gestion des actions sur le terrain sous sa supervision et celle de Françoise Hostalier. Une sincère amitié se développa, sans le carcan hiérarchique que s'imposaient les autres écuries. Jusqu'à la Primaire, ce sont entre 20 et 30 autres jeunes qui nous rejoignirent. Tous les jours, nous allions tracter, coller des affiches, rencontrer des gens. Paul, Yéléna, Louis, Ludovic, Benjamin, Catherine, Antonin, et tant d'autres firent une campagne splendide.

Je ne pris pourtant aucune carte de parti, ni n'avais d'ambition clairement exprimée. La liberté de ton et d'esprit qui était le corollaire de cette absence de «dents qui rayent le plancher» m'attira pourtant des reproches. Mais qu'importe, au fond, car je préférais voir le monde politique comme un jeu, et de fait je me suis amusé comme un adolescent. Je pris plusieurs mois de congé afin de mener campagne à plein temps, de découvrir les joies du démarchage dans la rue (un formidable aperçu de la société française dans ce qu'elle a de plus complexe, depuis le jeune homme au jean troué fraîchement sorti de prison, jusqu'à la retraitée aisée ayant simplement besoin de parler à quelqu'un au moins une fois dans la journée), les confidences d'anciens briscards déchus en quête de reconnaissance, les rumeurs les plus folles sur « Martine » (Aubry), et de découvrir les us et coutumes de la future génération de dirigeants de notre pays. J'en reprendrais bien une tranche à l'occasion, tant c'était grisant.

Nous n'avions cependant qu'un maigre aperçu de la campagne, et nous ignorions ce qui se tramait à Paris. Après la victoire de François Fillon à la Primaire, je décidais de quitter la campagne du fait d'un différend personnel avec le président des 'jeunes avec Fillon.' Ce n'est qu'en février 2017 que je pris sur moi de mobiliser et de motiver à nouveau les jeunes avec qui je fis campagne durant la primaire. Hors du parti LR, à nouveau, afin de mener campagne presque seuls. Le mois de flou qui avait suivi la victoire avait en réalité davantage fait fondre nos effectifs que la révélation de l'emploi de Penelope Fillon. On s'attendait en effet à des coups bas, et c'est avec la tête froide que nous ouvrîmes le Canard Enchaîné au matin du 25 janvier. Le manque d'investissement des autres militants issus des écuries tierces fut en revanche une surprise. Nous les pensions davantage bons-perdants, et n'étions pas encore au bout de nos surprises.

Lorsque François Fillon vint à Tourcoing, la responsable de la communication de Gérald Darmanin m'interdit tout simplement l'entrée, alors que j'avais été chargé par Bernard Gérard, secrétaire général de la fédération, de faire des photographies de la campagne. Je ne comprenais pas. Deux oreilles de trop dans la pièce, peut-être? J'appris plus tard que tous les responsables politiques locaux et gêneurs potentiels avaient été écartés, ou plutôt étaient priés de rester à l'écart, par le maire de Tourcoing. Il voulait semble-t-il évoquer seul, au détour d'une visite d'un quartier sensible de sa ville, l'idée d'occuper prochainement un ministère. Qu'importe les raisons réelles ou supposées de cet acte, cet élément troublant s'ajoutait à la longue liste des choses incompréhensibles pour le militant de base que j'étais.

Mon témoignage et mes interrogations se sont ensuite croisées avec ceux de beaucoup d'autres fillonistes, ce qui motiva à l'automne 2017 l'écriture de ce livre. L'inutilité patente, à mon sens, des enquêtes télévisées ultérieures me conforta dans ma décision.

Plus que de savoir « Qui a tué Fillon ? », notre objectif était de comprendre l'origine de tous ces cafouillages, de ces défections, de ces mails et échanges contradictoires entre responsables politiques, de ces comportements de jeunes cherchant à tout prix à se caser, quitte à se renier, les raisons d'être de ces défections et allers-retours en série qui tendaient presque au burlesque, de ces ordres étranges qui brouillaient l'organisation du voyage en bus jusqu'au Trocadéro et de l'acharnement 'irréel' des médias à notre encontre. « La presse est de gauche », ne nous suffisait pas comme réponse, de même que l'expression « cabinet noir » qui ne nous évoquait pas grand-chose, au final.

Comparer tous ces témoignages a été passionnant. Mettre côte-à-côte la voix des cadres et des militants, des porte-paroles et des anonymes, a été un exercice enrichissant. Leurs vécus et conclusions sont paradoxalement assez proches, mais les « petites mains » du QG ont souvent apporté davantage de détails et de pistes sur les manigances qui s'y déroulèrent. Ils ont tout vu, ont échangé avec les politiques, et ont au fond beaucoup moins à perdre en révélant tout cela. Ou peut-être sont-ils à mon instar davantage naïfs ? Pensant moins en termes de stratégie et d'image, ils débordaient en revanche d'une sorte d'indescriptible soif de justice.

« Vengeance », diront leurs opposants, « besoin de savoir et d'être enfin entendus », rétorqueront ces fillonistes. Ils avaient tous besoin pour faire leur deuil que justice soit rendue, eux qui se sentaient doublement lésés. Réduits à un agrégat de militants de Civitas, ils étaient pointés du doigt, puis mobilisés à outrance jusqu'au bout de la campagne au nom de leur programme et de leur foi en la justice démocratique, ils étaient finalement accusés d'avoir fait perdre la droite par ceux qui justement n'avaient « rien foutu du tout. »

Ils ont aussi toujours eu l'impression que la presse avait empêché les citoyens de choisir correctement en leur âme et conscience, tout en constatant qu'ils sont souvent indésirables aux yeux des « militants professionnels. » Les carriéristes.

De fait, le prégnant deux-poids-deux-mesures des médias, qui enquêtaient si minutieusement autour de la vie François Fillon mais bâclaient ou éludaient en parallèle leurs recherches quant aux autres candidats, était profondément désespérant pour bien des militants et sympathisants fillonistes. Alors que les juppéistes avançaient que les affaires rendaient la Primaire caduque

(puisque la révélation de cette information durant la Primaire aurait, selon eux, permis la victoire l'Alain Juppé), l'on pourrait rétorquer en 2018 que l'élection présidentielle est désormais caduque, puisque la révélation de dizaines de « casseroles » qu'accumulent les membres d'En Marche depuis juin 2017 aurait jadis incité les citoyens à se détourner de ces, somme toute, assez médiocres « nouveau monde » et «République irréprochable. »
Un sentiment diffus s'empare de nous.

La droite s'est pourtant elle-même entre-tuée dans l'arène politique. Dévorée de l'intérieur par ses ambitieux, emberlificotée dans ses paradoxes idéologiques, hésitante sur son identité, manipulée à dessein par des mouvements mal intentionnés, lasse de ces baronnies de plus en plus déconnectées des attentes des militants.  En Marche voulait y semer la division, les juppéistes voulaient se venger de celui qui les a ridiculisés, Alain Juppé se rêvait Calife à la place du Calife, Bruno Le Maire cherchait une sortie de secours après sa déculottée, la presse s'est instituée en nouveau Robespierre et voulut décapiter la Droite, les 'associations' ou autres syndicats ont multiplié les scandales, comme pour justifier à tous prix leur existence, les sarkozystes ont manœuvré afin de reprendre la main, l'UDI et Sens commun bataillaient afin de redélimiter les pourtours de l'alliance du Centre et de la Droite. L'univers impitoyable de Dallas, dans sa version UMP.

De ces mille profils différents émergeant des rangs des fillonistes, depuis une figure médiatique de gauche jusqu'à une chef d'entreprise féministe pro-PMA, depuis le militant de Sens commun obnubilé par la question de l'abrogation de la loi Taubira, jusqu'au libéral qui trouvait le mariage homosexuel relativement anodin, mais réclamant cependant à cor et à cri une forte baisse du poids de l'État dans la conduite économique du pays, la presse mainstream ne véhicula que l'image très manichéenne et somme toute assez fausse des « radicalisés catholiques », selon l'expression inventée par Alain Juppé afin de justifier moralement son revirement de mars 2017.
« La presse a même prétendu que j'étais actif au sein des milieux catholiques intégristes, alors que je suis baptisé protestant. Ca prête un peu à sourire », confie à ce propos l'un des piliers de la campagne. Le ton de la voix hésitant entre l'ironie et le sarcasme.
Petite palme cependant à Mediapart et le Monde, en partie à l'Obs, qui dénoncèrent quand même un temps l'ombre du «patronat» qui aurait tiré les ficelles du projet Fillon. Ce qui est en partie vrai dans l'absolu, car ils ont fortement contribué à sa rédaction, mais ne nécessitait probablement pas d'y chercher une sorte de complot de Medef.

Pire, les journalistes semblent parfois toujours vouloir se défausser de l'échec de leurs pronostics durant la Primaire et la Présidentielle, en suggérant une sorte de résurgence des ligues fascisantes de 1936 sensées avoir manipulé en sous-main la Droite en lui plantant un crucifix dans le dos.

# Les «radicalisés», chronique d'une lapidation politico-médiatique

Certes, la « patriosphère » a également cherché à dénoncer une mainmise des frères musulmans et autres groupes salafistes sur la campagne d'Alain Juppé. Ces angoisses ne sont probablement qu'une série de réactions croisées aux errances de notre temps. Une peur collective face aux remises en question des absolus, et qui parfois vire à l'hystérie. Une fuite en avant mêlant déni et mauvaise foi, aveuglement et rage. Les uns se défaussent du coup sur le « cathos », les autres sur les « hommes » en général, - « blancs»» et « de plus de cinquante ans » de préférence -, d'autres encore sur les « musulmans » ou les « gauchistes », sur les « patrons » ou les « fonctionnaires », sur les « fainéants-alcooliques-illétrés » ou les « profiteurs. »

La société se fracture ce faisant, et ne se comprend plus elle-même. Petit à petit, la démocratie comme moyen de définir une majorité tend à devenir caduque. Gare à la tentation sous-jacente, cependant...

Le nouveau monde qu'inaugura cette campagne ne serait-il pas au fond un piètre retour aux jeux du cirque, sorte exhutoire à toutes les pulsions irraisonnées de notre temps, les émoticones des réseaux sociaux remplaçant désormais le pouce au moment de signifier la mise à mort?


« Ah ! Non ! C'est un peu caricatural, jeune homme !  On pouvait dire... Oh ! Dieu ! ... bien d'autres choses... », ajouterait peut-être pour sa part Cyrano de Bergerac, sur un ton plus léger.

## Remerciements

Un grand merci à Danièle pour ses sympathiques encouragements, aux diverses personnes avec lesquelles j'ai créé des liens depuis 2016 et qui ont régulièrement échangé des messages ou impressions sur les événements tout au long de ma petite enquête (Bérangère, Bernadette, Catherine, Joëlle, Michelle, Benjamin, Bernard, Ludovic, Noël, Sébastien etc.), à Yves pour ses riches conseils rédactionnels, et à tous les participants à ce long travail pour leur accueil. Leur disponibilité, leur bienveillance, leur compréhension et toutes leurs expériences partagées, autorisèrent de passionnants entretiens.

Merci à mes amis photographes et historiens, qui m'ont donné envie d'immortaliser autant que faire se peut cette campagne électorale qui marquera l'Histoire, Coralie, Eliane, Erika ou Jean-Michel.

Merci enfin à mes amis, qui ont été précieux, ainsi qu'à plusieurs anciens camarades ou professeurs en école de journalisme qui m'ont marqué positivement par leur enthousiasme, leur profonde intelligence et leur application à l'étude, leur savoir-être et leur empathie, eux qui m'ont donné au fil du temps un peu de leur talent, de leur énergie et de leur Passion. Merci tout particulièrement à Chancelle, Clotilde, Lucie, Joseph-Lazare ou Stéphane! Ils représentent à mon sens un espoir pour le bon journalisme, ce journalisme éthique en quête du vrai, qui méprise les biais idéologiques et chérit l'excellence, et m'ont inspiré une grande prise de recul tout au long de l'année. Maintenir un juste cap lors de l'écriture de cette étude à portée journalistique a été possible grâce à eux.

# Les «radicalisés», chronique d'une lapidation politico-médiatique

## Une rencontre marquante
## 22 septembre 2016 : Penelope Fillon tisse sa toile

Penelope est heureuse. Elle se remémore ces soirées étudiantes où François l'impressionnait tant, elle savoure une part de gâteau aux pommes, elle s'amuse d'une autre de ces histoires cocasses que lui narre si bien Christian. Son hôte.

Grand, athlétique, solidement bâti, Christian De Beir accueille en effet depuis plus d'une heure ses convives, l'un après l'autre, arborant toujours ce large sourire qui le résume si bien. Chaleureusement, il les conduit jusqu'à Penelope, s'emploie à faire les présentations, les remercie d'être venus, puis s'empresse de leur faire découvrir les plats que les « femmes » ont passé la matinée à préparer.

Ce sont bien elles que Penelope est venue rencontrer: les « femmes avec Fillon. »

L'oblong visage de Christian resplendit à chaque fois qu'un nouvel invité se présente à la porte. Son profond regard s'illumine et se pose sur eux. Attentionné. Christian a été médecin en soins palliatifs, ancien coordinateur pour le Nord-Pas-de-Calais, et garde de sa longue carrière une incroyable capacité de résilience. Une hauteur de vue. Il croque depuis ce temps-là chaque seconde de sa vie comme si c'était la première. Marqué à la fois par toutes les souffrances qu'il a soutenues et partagées tout au long de sa carrière, et par les nombreuses lueurs d'espoir que suscitait chacun des miracles qu'il a vécus, Christian semble au chevet de ses amis militants. C'est son enthousiasme qu'il veut communiquer à ses convives, à tous ces militants trop souvent relégués au banc des remplaçants par les sondages, renvoyés à l'anecdote par leurs homologues juppéistes ou sarkozystes, et bien souvent moqués par leurs propres cercles amicaux. « Pourquoi soutenir un perdant », leur répète-t-on à l'envi. A longueur de journée.
Qu'importe, l'avenir doit avant tout être vu comme un formidable terrain d'expression, où tout reste à « Faire », pour peu que les bons choix soient 'faits', et 'faits' avant qu'il ne soit trop tard. La profession de foi filloniste de Christian.

En face de lui, trois longues tables en bois massif recouvertes de nappes blanches. De part et d'autre, plusieurs dizaines de militants. Noyée au milieu d'une myriade de regards conquis, Penelope Fillon se surprend à rire. Un ballet de salades composées, quelques pronostics politiques, et un victorieux brouhaha militant ponctué d'une salve d'applaudissements, lui emboîtent le pas.

# Les «radicalisés», chronique d'une lapidation politico-médiatique

Merci à vous, Madame « la future Première dame de France », s'amuse Bernard Cousin, l'un des moteurs essentiels de l'équipe militante du Nord. « C'est sûr que vous ne trouverez pas de ça à Paris », ajoute fièrement une jeune militante, alourdissant promptement sa propre assiette de quelques tranches de fromage. Du maroilles, accompagné par quelques quartiers de pomme.

Plusieurs de ces militantes fillonistes ont consacré beaucoup de temps à apprêter leurs plats fétiches, afin de prouver à leur hôte galloise l'authenticité de la fameuse convivialité nordiste. Une canopée de salades composée, quelques mosaïques de charcuterie, la délicatesse de quelques parts de gâteau aux fruits rouges et le pétillant d'une avalanche de champagne. Tout un 'programme' culinaire, tout 'aussi sérieux que celui de François Fillon!'

Quelques convives ont profité de l'occasion pour étrenner leur précieuse cave à vin, échangeant un verre de rouge en même temps que leurs coordonnées avec « l'épouse du Président. » Penelope s'en amuse et s'exécute de bon cœur. C'est de bonne guerre.

Penelope a peu l'habitude pourtant de toutes ces mondanités, et elle ne s'en cache même pas. Mieux, elle le revendique avec une pointe de superbe ! A contrario d'une Carla Bruni ou d'une Valérie Trierweiler, dont certains fillonistes moquaient aisément la propension à courir vers les projecteurs, guettant chaque parcelle de Une dans Paris Match, Penelope préfère cultiver sa propre tranquillité. C'est ce qui ressort de ses discussions avec les militants. Pour vivre heureux, vivons cachés, explique-t-elle. « J'ai toujours tenu à maintenir une séparation entre ma vie de mère de famille et la carrière politique de mon époux, ajoute-t-elle. C'est pour protéger nos enfants des coups-bas dont me parlait souvent François. » Œuvrant ainsi dans l'ombre, afin de ne pas s'exposer personnellement.

Elle raconte ainsi avoir décliné plusieurs propositions d'interviews à l'initiative de magazines people au moment où son époux était chef de l'Exécutif. « Afin de ne pas porter atteinte par mégarde à son image et à sa réputation », précise-t-elle.

« Primaire de droite : mais qu'est-ce qui cloche chez François Fillon ? », titrait le 21 septembre le journal l'Obs. « François Fillon est-il déjà fichu ? » ajoutera France Info dès le lendemain. « Pour qui voterez-vous au second tour ? », leur demandaient inexorablement les rares journalistes qui venaient à leur rencontre. Jour après jour.

Dans le jardin de Christian, le temps avait suspendu son vol. Quelques allées de buis fraîchement taillés répondaient à un verger émaillé de pommes Boskoop. Juteuses à point. Les imposants murs en brique rouge de l'ancien corps de ferme attenant à une grande demeure du XIXe siècle, un petit ruisseau qui s'écoulait au fond du jardin et un moteur de tracteur au loin, formaient ce week-end là une sorte d'univers parallèle. Une bulle de douceur semblait protéger l'espace d'un après-midi les militants fillonistes du tumulte médiatique.

Un léger vent frais arrachait jour après jour quelques feuilles orangées, rouges ou jaunies, à la chevelure gâtée des peupliers en bordure du domaine de Christian. Bucolique cocon au milieu de la plaine flamande. Quotidiennement, d'incompréhensibles sondages prenaient à la gorge la flamme militante des moins convaincus. Ils arrachaient de même quelques cheveux aux responsables locaux. Moroses. Le responsable des jeunes fillonistes du Nord, Antonin Feré, était pour ainsi dire lui-même son seul militant actif. Beaucoup de fillonistes n'avaient en effet 'pas le temps.' Les plus jeunes prétextant de nouveaux 'partiels' ou 'examens ', semaine après semaine, les autres, plus âgés souvent, avouaient clairement leur désappointement. Ou assumeront de faire défection, parfois.

« Je tiens à préciser que François Fillon est le seul candidat crédible à mes yeux. Le jour où il a dit que 'la France est en faillite', j'ai compris qu'on avait enfin quelqu'un à la tête du pays qui ne raconte pas de cracks et ose dire qu'il y a un problème. Les Français le sentiront aussi le moment venu, et s'intéresseront davantage à ses idées!», s'enthousiasme pourtant Amaury. De sa voix rauque, puissante et posée, du haut de ses presque deux mètres. Un tonnerre d'applaudissements lui répond.
Françoise Hostalier, la coordinatrice de la campagne Fillon dans le Nord, profite de cette liesse pour chercher un ensemble de cadeaux dans une discrète remise en briques rouges attenante au corps de ferme. « Ainsi, vous vous souviendrez de nous encore même après le second tour », s'amuse celle qui fut jadis secrétaire d'État à l'enseignement scolaire dans le gouvernement d'Alain Juppé. Les deux femmes échangent longuement une bise, un regard complice et, ce faisant, un encouragement tacite.

Alors que Penelope contemple les militants présents, un brin émue, le tintement doux d'une bouteille de champagne se chargeait de relancer les festivités. Se frayant un passage à travers la haie de militants, un livre de photographies sur les paysages du Nord atterrit subrepticement dans les bras de Penelope. « Ça tombe bien, François adore la photographie, ça lui fera plaisir aussi de le lire », se réjouit en retour l'héroïne du jour.

A partir de 14h, quelques convives commencent à se retirer. Penelope Fillon est en effet attendue dans la salle Watremez à Roubaix dès 17h. Elle devra s'y prêter à un jeu de questions-réponses avec les curieux, afin de donner un portrait à la fois plus humain et davantage personnel de son couple. C'est ainsi en tant que femme de candidat présidentiable qu'elle finira la journée, sous les crépitements des flashs des militants et les rares questions de trois journalistes présents. Dont deux correspondants de presse. Les autres médias avaient tous décliné, ne trouvant simplement pas Penelope Fillon suffisamment intéressante pour figurer dans leurs colonnes. Ils avaient de même décliné les propositions d'interview qui leur avaient été envoyées en guise d'appât. Bien mal leur en a pris ce jour-là.

En novembre 2016, Nicolas Sarkozy était définitivement mis hors course par le vote des sympathisants de la droite et du centre, auxquels se surajoutaient une masse de sympathisants de gauche ou du front national bien décidés à orienter la future élection. Alain Juppé, le candidat des médias », le « bobo-compatible » résumeraient d'aucuns, a subi une véritable déculottée. Un désaveu populaire, en dépit d'un important soutien en sa faveur des militants de gauche venus voter à la primaire ouverte. En tout cas, ceux qui n'avaient pas cédé au mythe « d'Ali Juppé[1] » , ou qui n'avaient plus en tête le passé trouble de « PéJu[2] » au RPR.
Le candidat sans cravate, Bruno « le renouveau » Le Maire, finissait même cinquième, avec seulement 2,38% de voix. Celui qui était encore quelques semaines auparavant présenté comme la possible surprise, a fini derrière Nathalie Kosciusko-Morizet. Un désaveu de taille. Jean-Frédéric Poisson, qui comptait pourtant ardemment sur une forte mobilisation des millions de sympathisants de la manif' pour tous, peine à dépasser les 1,45%. Fermant la marche, Jean-François Copé, le promoteur naguère de la « droite décomplexée », l'ancien adversaire de François Fillon, récolte péniblement 0,3% des voix. 'Belle revanche', se réjouiront ceux qui n'ont jamais pardonné au maire de Meaux les « basses manœuvres » auxquelles il s'était livré au moment de l'élection à la tête de l'UMP à l'automne 2012.
François Fillon gagnait cette fois-ci haut-la-main. En arrière-plan, il avait l'œil humide. Il était ému, laissa pour une fois de côté son 'armure.'
La gauche raillait pourtant déjà les 500'000 suppressions de fonctionnaires annoncées par le désormais candidat de la droite à la présidentielle, tandis que certains dans leurs rangs saluaient toutefois la droiture d'un homme qui tranchait d'avec  « Sarkozy le corrompu » ou « Hollande le Don Juan à scooter. » Une fonctionnaire de la mairie de Lille se plaisait d'ailleurs à panacher toutes ces expressions durant l'entre-deux-tours de la Primaire de la Droite et du Centre face à des militants fillonistes venus tracter de manière sciemment provocatrice devant les fenêtres de Martine Aubry. « Fillon, lui, il est resté fidèle à une seule femme, il s'occupe de ses enfants et ne parade pas toute la journée pour amuser les paparazzis. Et c'est un homme honnête et droit, pas comme ce magouilleur de Juppé qu'on voit baver à la télé, et même qui soutient les salafistes qu'il parait... Quelle honte ! », lançait-elle alors, pêle-mêle.

Le 25 janvier 2017 éclatait « l'affaire Penelope. »

---

1     Selon l'expression qui avait fait florès sur les réseaux sociaux, probablement inventée par les groupes de la 'patriosphère'
2     Reprenant le texte «Allez PéJu» des panonceaux brandis par les militants juppéistes durant les derniers meetings de la primaire

## Introduction :
La droite s'est tirée une balle dans la tête

C'est en 2012 que nous commencerons notre petite pérégrination au coeur des coulisses sombres de la droite Française, afin de mieux cerner l'origine de toutes les rancœurs qui éclatèrent au grand jour en 2017. Des années durant, des clans menèrent une âpre lutte d'influence afin d'acquérir ce faisant des investitures et une légitimité médiatique.

La droite s'était déjà entre-déchirée à plusieurs reprises. Un classique. Au terme de l'élection présidentielle malheureuse de 2012, François Fillon fut ainsi une première fois la victime d'une sorte de guet-apens politicien. Un «coup monté», pour reprendre le titre d'un fameux livre de Carole Barjon et Bruno Jeudy traitant de ces événements. François Fillon ne devait pas remporter l'élection, et bien des méthodes furent mises en oeuvre afin de le faire perdre.

Des dirigeants agissaient en sous-main en ne revendiquant leurs manigances qu'à demi-mot, signant leurs cabales, mais sans pour autant tendre le flanc. Certains «laissaient faire», d'autres envoyaient des messages subliminaux contradictoires avec leur position officielle, d'autres encore changeaient de convictions au gré de l'évolution des sondages.

L'ancien Premier ministre sortira ébranlé et assez isolé de cette élection à la présidence de l'UMP. L'Affaire Bygmalion et le scandale des comptes de la campagne de Nicolas Sarkozy alourdiront encore l'ambiance. Les plus idéalistes perdaient pied.

Au niveau local, les luttes d'ego internes succédaient en parallèle aux grandes manoeuvres des 'caciques', destinées à fortifier leurs baronnies détenues parfois de longue date. De jeunes militants préféraient ci-et-là accepter des postes au FN ou à l'UDI plutôt que d'attendre que le plafond de verre ne se fissure. D'autres apprenaient la flagornerie comme nouvelle langue maternelle, puis s'improvisaient à l'envi 'cireurs de chaussures.' Qu'un poste tant convoité ne leur soit pas ensuite offert sur un plateau, et ils s'improviseront flingueurs ou transfuges. Les convictions ne faisaient pas forcément recette, et dès lors un sentiment d'injustice s'installait tantôt chez les plus idéalistes.
Surtout, la plupart des militants espérait ardemment se 'caser' auprès d'un élu, afin d'obtenir *in fine* un poste ou une investiture.

# Les «radicalisés», chronique d'une lapidation politico-médiatique

Tout était bon afin de se démarquer, de créer le 'buzz' et dans l'absolu d'intéresser la presse locale ou nationale. Le recours à un vocabulaire excessif, à des effets de style cinglants, à des raccourcis factuels parfois impressionnants, devait permettre à certains d'exister. Et tant pis si ce faisant l'élu écornait davantage la crédibilité de la droite française.

Les ambitions semblaient parfois prendre le pas sur les Valeurs et la Raison. Certains ne le supportaient plus.

Ainsi, l'on pourrait affirmer que la Droite avait perdu cette élection avant même le début officiel de la campagne. Ses rangs n'étaient plus tenus, l'inévitable paranoïa devenait mauvaise conseillère et une relative «bunkérisation» s'installait dans les QG. « Rue Bixio[1], c'est vrai qu'il y avait des clans. C'était assez fermé parfois. Quand on allait leur demander du travail ou quelque chose, ils nous gardaient souvent à distance du Premier cercle», se souvient un porte-parole de la Société Civile avec Fillon.

Certes, François Hollande était au plus bas dans les sondages, divisé entre ses différents courants et payant le prix de ses hésitations et autres errances en matière de communication (la fameuse phrase :«mon ennemi c'est la finance», qui reflétait mal l'intégralité de son programme économique), mais la droite était elle-même divisée entre plusieurs courants, moquée dans l'opinion du fait des scandales à répétition, et hésitante sur son avenir. Le nouveau nom «LR», sorte de cataplasme sur une jambe de bois, masquait mal la réalité.

Au fond, ce sont les intérêts réciproques et interdits catégoriques qui maintenaient encore l'édifice debout.

L'ex-UMP, sorte d'"Union des droites' républicaines avant l'heure, ne contenait pourtant plus certaines divergences d'opinion à propos de certains sujets clés. La « ligne Buisson », notamment, avait fait voler en éclats certains tabous.

Se voulant trop rassembleur, Alain Juppé reprenait au contraire certains thèmes analogues à ceux du centre voire de la gauche (identité heureuse, qui évoquait une forme de multiculturalisme), mais reprenant la rhétorique droitière qui avait prévalu au terme de son précédent quinquennat, Nicolas Sarkozy multipliait les excès ou autres références aux « Gaulois » ou aux « doubles rations de frites. » Deux titans paraissant irréconciliables, et dont la seule évocation du choc annoncé passionnait les commentateurs et autres moralisateurs médiatiques.

Une fracture entre conservateurs et progressistes semblait se dessiner au fil du temps. Or

---

1     QG de François Fillon durant la primaire

# Les «radicalisés», chronique d'une lapidation politico-médiatique

Emmanuel Macron, dont le positionnement politique pourrait en réalité être aisément assimilé à celui de la gauche sociétale et libertaire, et valorisant ce faisant le libéralisme, la liberté individuelle et la satisfaction sans entraves des pulsions humaines, devenait ainsi une option « mainstream » de choix aux yeux de certains. Opportunistes ou désabusés.

Mieux que l'UDI, inféodée sous réserve au parti Les Républicains, En Marche offrait en effet pléthore de postes à forte visibilité et de nombreuses investitures aux législatives. Une sorte de Graal pour les militants. Le parti permettrait ainsi à certains jeunes loups de se démarquer, de monter dans la hiérarchie sociale, d'être potentiellement élu, et ce sans pour autant se 'griller' sur le long terme en jouant la carte du FN.

Dès lors qu'Alain Juppé perdait la primaire et échouait à s'imposer comme recours à la présidentielle, ce 'parachute doré' prenait tout son sens. Dès lors que François Fillon baissait dans les sondages, les yeux des plus opportunistes pétillaient littéralement devant les centaines de postes immaculés qui attendaient preneur.

Un moyen d'exister médiatiquement, d'obtenir des fonctions légitimant une prise de parole lors de réunions ou dans les médias locaux et nationaux, et une forte possibilité d'être élu à moyen terme. Que demander de plus, rétorquera finalement une partie du peuple militant de droite?

Le fameux SMS de Gérald Darmanin expliquant à Eric Woerth les raisons de sa conversion au macronisme est éloquent. Un ministère vaut bien une messe, paraphrasant Henri IV...

Les plus idéalistes, comme toujours, accumuleront rancune et mépris à l'encontre des transfuges et autres opportunistes.

Ainsi tourne la roue de la Droite française, inexorablement...

## I.     L'Homme qui voulut être Président

### 1.     Tragédie comique à l'UMP

«Les militants de l'UMP viennent aujourd'hui de m'accorder la majorité de leurs suffrages et ainsi de m'élire comme président de l'UMP», déclare Jean-François Copé au soir du dimanche 18 novembre 2012 depuis les locaux de l'UMP.

Il est 23h30. Au sein des militants et sympathisants de François Fillon, la joie laissait place à la consternation et à l'incrédulité. Un peu sonnés face à leurs postes de télévision, semblant étreints par une sorte d'indescriptible torpeur glaçant tous leurs regards. Ils osaient encore quelques instants auparavant quelques traits d'esprit à l'attention de leurs camarades coppéistes, mais ont dès lors le souffle coupé. A 23h16 en effet, faisant fi du fait que dix-sept résultats seulement en provenance des départements français avaient été dûment validés par la Commission d'organisation et de contrôle des opérations électorales (Cocoe), un premier bataillon de militants de Jean-François Copé revendiquait la victoire. Avec « 1.000 voix d'avance », précisait par ailleurs Jérôme Lavrilleux. Fanfaron. Le pavé que lancera moins d'un quart d'heure plus tard le maire de Meaux dans la mare semblait donc bien présomptueux, alors même que 50% des bulletins n'avaient pas même été pris en compte par les instances organisatrices. Les fillonistes gardaient aussi à l'esprit que trois fédérations UMP bien connues pour leur attachement en faveur de l'ancien Premier ministre, -Paris, les Hauts-de-Seine et les Alpes-Maritimes-, n'avaient pas encore rendu leur verdict. Plus étourdissant encore, leurs propres calculs contredisaient purement et simplement les chiffres avancés par Jean-François Copé. Après l'annonce de ce dernier, les moqueries laissaient donc place à une forme de froide colère.

Un « putsch par fait accompli », vilipendaient d'emblée certains de ces militants fillonistes parisiens qui s'étaient réunis au bistrot 'Le Centenaire' en face du QG de campagne, espérant juste y trinquer entre eux afin de conclure cet épisode démocratique. « Un vol de notre victoire », ajoutera même Yves Irastorza, professeur d'Histoire-Géographie et militant filloniste assez impliqué dans le secteur de Melun. Prophétique, ironisera-t-il par ailleurs quelques années plus tard. A ses yeux, Jean-François Copé aurait en effet été l'idiot utile de quelque commanditaire tapi dans l'ombre. Nicolas Sarkozy, pour sa part, avait toutes les raisons de pouvoir s'estimer satisfait. Malgré la maladresse affichée par « son » candidat, François Fillon serait au pire un président de l'UMP mal élu, au mieux le grand perdant de l'élection. Un rival en moins pour aborder la manche suivante, contre Alain Juppé cette fois.

La forte popularité de François Fillon au sortir du quinquennat dont il dirigea l'exécutif, voire le souhait de nombreux sympathisants de l'UMP de voir ce même François Fillon représenter leur parti en lieu et place de Nicolas Sarkozy pour l'élection de 2012, sonnait comme une déclaration de guerre. Les « piques » de l'ancien « collaborateur » tiendraient par ailleurs bientôt lieu de Casus Belli.

Le 23 août 2012, en effet, une longue interview de François Fillon détaillait la vision de l'ancien premier ministre et esquissait ses ambitions pour 2017. Le « refus de la démagogie et des petites cuisines électorales » serait son étendard rassembleur. Exprimant bien des regrets quant au quinquennat passé, se réjouissant avec une pinte de sarcasme que Nicolas Sarkozy puisse 'se chercher de nouveaux challenges hors du monde politique', François Fillon ambitionnait rien de moins que de se démarquer pleinement de l'ancien chef de l'État. Quitte à l'égratigner un peu au passage. Dès le lendemain, Nicolas Sarkozy recevra du coup Jean-François Copé dans sa résidence d'été du Cap Nègre. Un message à demi-mot.

Espérant probablement empêcher François Fillon de mettre la main sur la machine de l'UMP, alors que les sondages lui donnent une côte de popularité assez élevée, -supérieure à la sienne-, Nicolas Sarkozy tentera d'inciter tout d'abord son ancien Premier ministre à se retirer de la course. Confronté au refus de ce dernier, l'ancien président de la République tentera cette fois de pousser Alain Juppé, l'un des fondateurs historiques de l'UMP, ou Xavier Bertrand, ancien secrétaire général de l'UMP de 2008 à 2010, à se présenter à l'élection, assuré du soutien de deux autres candidats alors déjà en lice : Nathalie Kosciusko-Morizet et Bruno Le Maire. Le maire de Bordeaux ne répondit pourtant jamais à Nicolas Sarkozy à ce sujet, alors même que le maire de Nice, Christian Estrosi, aurait appuyé ensuite en proposant à l'ancien Premier ministre de Jacques Chirac de mettre à sa disposition les 3000 parrainages qu'il avait obtenus en vue de sa propre candidature. Xavier Bertrand n'osera pourtant pas s'opposer lui-même à François Fillon, qu'il voyait probablement gagner l'élection.

Le 15 octobre, Jérôme Lavrilleux, directeur de Cabinet de Jean-François Copé, recevait l'ordre National du Mérite. L'occasion pour Nicolas Sarkozy de vanter les mérites de celui qui fut très actif au cours de la précédente campagne présidentielle. « Voilà un homme qui a le talent de ne pas embêter les personnes pour qui il travaille avec des problèmes dont elles n'ont pas à connaître », lance l'ancien président aux quelques dizaines de personnes présentes à cette occasion. Un prétexte idéal pour mettre en valeur par son entremise la candidature de Jean-François Copé. Patrick Balkany, maire de Levallois-Perret et ami proche de Nicolas Sarkozy, choisira alors de soutenir ouvertement Jean-François Copé. « Je ne vois pas François Fillon diriger un mouvement politique », se justifie-t-il le 30 juin 2012 sur Europe 1.

# Les «radicalisés», chronique d'une lapidation politico-médiatique

Au terme assurément de longues tractations entre les équipes des deux hommes, le fils cadet de l'ancien président, Jean Sarkozy, invite le 4 septembre 2012 Jean-François Copé à un café politique dans un bar de Neuilly, en présence du couple Balkany. Le Winston, l'ancien QG de son père, ne manquera pas de préciser Roger Karoutchi, présent en tant que secrétaire de la fédération des Hauts-de-Seine. Succédant à la poésie d'un discours récité sur un ton quasi-hagiographique, mêlé de compliments en pagaille, une photographie de Jean Sarkozy en compagnie de Jean-François Copé fera bientôt le tour à la fois des rédactions de presse et des bureaux de fédérations UMP. Jean Sarkozy aurait déclaré avoir préalablement prévenu son père, qui ne l'aurait alors pas « découragé de le faire. » La méthode rappellera avec amusement à l'observateur scrupuleux les déclarations de Robert Bourgi concernant les fameux costumes qui seront offerts uniquement dans le but de piéger, - de « niquer », selon les propres mots de l'instigateur du complot -, François Fillon. Il expliquait en effet, dans l'une de ses nombreuses et contradictoires versions des faits, avoir préalablement prévenu Nicolas Sarkozy, qui ne l'aurait alors pas empêché de le faire.

Jean Sarkozy officialisera finalement son soutien de fait le 5 novembre, en cosignant un appel des élus des Hauts de Seine en faveur de la candidature de Jean-François Copé.

De son côté, Nadine Morano annoncera son soutien au maire de Meaux dès le 17 septembre. Brice Hortefeux, quant à lui, se joindra à la liste des supporters de Jean-François Copé le 21 octobre. Nicolas Sarkozy, qui prétendait officiellement vouloir survoler la mêlée, enverra de même quelques signaux faibles qui permettront aux adhérents et sympathisants de l'UMP de savoir en faveur quel candidat balance son cœur. Jean-François Copé le lui rendra bien, se revendiquant rapidement le porte-parole du sarkozysme, voire « le premier des sarkozystes. »

Les équipes de François Fillon y discernaient en revanche seulement une mise en scène politicienne du 'clan Sarkozy', destinée purement et simplement à affaiblir François Fillon, voire à le détruire. Pour Loïc -Ringuet, principal opposant divers-droite au sarkozyste Patrick Balkany, et chef de l'opposition au conseil municipal de Levallois-Perret, ce jeu politicien découlerait même d'une volonté de l'ancien président de rendre l'UMP ingouvernable. Nicolas Sarkozy pourrait ainsi présenter son retour politique, assurément mûri de longue date pensent les fillonistes, comme étant motivé uniquement par une sorte d'obligation morale découlant des événements politiques en cours. « Nicolas Sarkozy voulait que ça se passe mal et il tirait les ficelles en ce sens. Ou en tout cas il mettait de l'huile sur le feu. Ça l'arrangeait bien pour préparer son retour en sauveur », affirme Loïc Leprince-Ringuet, sans détour. Sa courte narration des campagnes électorales qui se sont succédé depuis 35 ans à Levallois Perret est émaillée de détails sur les techniques électorales de Patrick Balkany. Entre autres. « A Levallois, il valait mieux ne pas être filloniste à cette époque-là. Ni ensuite, d'ailleurs », s'amuse-t-il.

Fort de ce soutien officieux d'un ancien chef de l'État, Jean François Copé se sentait d'un coup assuré de pouvoir remporter la victoire. En mai 2012, son gâteau d'anniversaire représentait ainsi une reproduction du palais de l'Élysée, surmonté d'un petit drapeau tricolore et de 45 bougies. Méprisant ostensiblement François Fillon en coulisses, Jean-François Copé se targuait bruyamment dès septembre 2012 sur les plateaux télévisés d'avoir obtenu 30'000 soutiens d'adhérents de l'UMP et « d'être en tête » pour l'élection de novembre. Entre les déclarations des lieutenants de Nicolas Sarkozy et les discours grandiloquents de Jean François Copé, les humoristes s'en donnaient à cœur joie.

De son côté, François Fillon traînait derrière lui l'image d'un homme austère et froid. Disciple de Philippe Séguin, préférant être reconnu pour sa valeur morale plutôt que d'être aimé en tant qu'Homme, l'ancien Premier ministre semblait préférer tutoyer la lointaine cime des arbres et n'opposer que mépris aux harangues aux accents populistes de Jean-François Copé. Comme perdu par moment dans une sorte de monde parallèle émaillé de poésie, d'Honneur et de grandeur, mais dont lui seul détient la clé.

Le 7 juillet, l'ancien Premier ministre préférera ainsi concourir au « Mans Classic », plutôt que de passer sa journée à une réunion d'organisation destinée à planifier le scrutin pour la présidence de l'UMP, en présence des délégués départementaux. François Fillon rétorquait en effet n'avoir été prévenu que trois jours auparavant, -comme tous les autres invités, pourtant-, alors qu'il préparait sa course depuis près de huit mois. Aussi concédera-t-il seulement, sous l'insistance de ses proches, de réaliser une rapide intervention en coup de vent en fin de matinée, avant de repartir aussi sec pour la Sarthe. Jean-François Copé ne manquera naturellement pas d'utiliser à son avantage cette anecdote, il est vrai assez cocasse, au moment de s'adresser aux militants et cadres, nombreux, qui ont fait le déplacement ce jour-là. François Fillon ne semblait guère y prêter quelque particulière attention.

Deux mois avant l'élection, pourtant, au moment de la dépose des bulletins de parrainage des divers militants, François Fillon avait réussi habile un « coup d'éclat. » Il n'en était pas peu fier, au demeurant. Les équipes de François Fillon feignirent en effet le dimanche 16 septembre de ne disposer que de 15'000 signatures de parrainages, autorisant ce faisant de nouvelles fanfaronnades du maire de Meaux, avant d'en déposer finalement plus de 45'000 le mardi 18 septembre. Alors que les fillonistes moquaient depuis plusieurs jours « la stratégie de la vantardise » de Jean-François Copé, les soutiens du maire de Meaux rétorqueraient désormais sur un même ton dédaigneux : «c'est Saint-François et la multiplication des petits pains. Ils en avaient 15 000 le matin et 45 000 l'après-midi...»

Les «radicalisés», chronique d'une lapidation politico-médiatique

Aussi, Jean-François Copé mettra publiquement en doute les jours suivants la véracité des déclarations de François Fillon. Il réclamera ainsi la vérification des parrainages de son compétiteur. Le maire de Meaux lançait ainsi un autre pavé dans la mare des coups-bas politiques de cette campagne. Et il y en eut beaucoup.

La première irrégularité de taille semble avoir tout simplement concerné l'étendue du corpus d'adhérents qui avait été amené à prendre part au vote. Ce listing prenait en effet en compte les personnes ayant adhéré entre le 1er et le 31 décembre 2011, -et qui se sont mis à jour de cotisation-, et les personnes ayant adhéré entre le 1er janvier et le 30 juin 2012.

L'enjeu du nombre d'adhérents est primordial aux yeux de beaucoup de cadres dirigeants de l'UMP. En 2007, l'UMP agrégeait en effet 370'000 Français derrière ses couleurs. Puis, en 2010, Xavier Bertrand, alors secrétaire général du parti, ambitionnait même d'arriver au chiffre de 500'000 à l'orée de l'année 2012. La grande opacité sur ces chiffres d'adhérents semble cependant avoir permis des arrangements. Fin décembre 2011, Jean-François Copé vantait ainsi « une grande accélération du nombre d'adhésions à l'UMP », qui aurait atteint début 2012 le nombre de 261'000 personnes à jour de cotisation.

Afin de maximiser cette dynamique, il avait été décidé que durant l'élection présidentielle de 2012 tous les sympathisants qui feraient un don à la campagne de Nicolas Sarkozy, deviendraient de fait adhérents à l'UMP pour l'année en cours. Ainsi, en sus des 272'000 adhérents « officiels » à jour de cotisation courant 2012, un groupe d'environ 50'000 'adhérents' se situait dans une relative zone grise. De fait, l'élection de novembre 2012 a finalement appelé 325'000 personnes aux urnes, et la presse s'est par ailleurs largement faite l'écho de ce chiffre.

Au moment du dépôt des parrainages de militants, pourtant, le seuil minimal permettant autoriser une participation à l'élection avait été fixé à 7924. Cela correspond à 3% du corps électoral. Un rapide calcul permet ainsi de retrouver peu ou prou le chiffre initial de 272'000 adhérents.

Quoi qu'il en soit, les équipes de François Fillon affirment ne pas avoir été prévenues de cette modification du corpus électoral. Les équipes de Jean-François Copé, maîtresses des rouages de la machine UMP, se seraient ainsi bien gardées de communiquer aux équipes de leur adversaire les fichiers complets contenant les coordonnées précises de ces futurs électeurs. Les cadres de l'ancien Premier ministre allaient finalement découvrir cette subtilité en même temps qu'ils prendraient connaissance des fichiers d'émargement qui accompagneraient le scrutin. Très tard. Le nombre de participants sur ces documents était de fait biaisé.

Trois semaines seulement avant la tenue du vote, c'est toute la stratégie du clan Fillon qu'il fallait réactualiser. « Copé a fait campagne sur 50'000 personnes de plus que nous », se souvient, un poil aigri, Yves d'Amécourt. Ami de longue date de François Fillon, maire de Sauveterre en Guyenne et conseiller régional d'Aquitaine, la figure du fillonisme en terre juppéiste, Yves d'Amécourt avait déjà participé à la toute première campagne de François Fillon. A l'époque, il s'agissait pour le futur Premier ministre de succéder à son mentor Joël le Theule à Sablé-sur-Sarthe. « Avec mon frère sur une mobylette et un autocollant 'Sarthe demain' sur le casque, on allait coller des affiches dans toute la circonscription. C'était une campagne extraordinaire », se souvient Yves d'Amécourt, sa voix se colorant d'une pointe d'émotion et d'une douce fierté.

En 2012, la campagne serait autrement plus « sale. » Contactés à la dernière minute au terme d'un fastidieux travail de croisement des noms avec les annuaires téléphoniques ou avec les comptes Facebook de sympathisants affirmés, quelques-uns de ces 'néo-adhérents' ont alors fait part aux équipes de François Fillon de griefs à leur égard. « Les gens de Copé nous ont contacté souvent par mail et nous ont bien expliqué leur projet,  alors que Fillon était tellement sûr de gagner qu'il n'a même pas fait campagne. Il va voir ce qu'il va voir ! », expliqua l'une de ces personnes à un cadre du QG de François Fillon, à l'occasion d'un rapide échange téléphonique. « Fillon se moque de nous, il ne fait pas campagne », ajoutera un autre. Puis  un autre, affichant les mêmes griefs et la même posture emprunte de frustration. Puis encore dix autres, dès le jour suivant. Ce démarchage téléphonique prenait, heure après heure, des allures de Bérézina électorale. Une frustration grandissante se ressentait à chaque nouvel appel téléphonique et au terme de chaque nouvelle rencontre. « Parfois on n'avait que l'adresse postale du militant, ou parfois seulement une adresse  mail. Il a fallu recouper tout ça un par un. Et tout ça pour se faire adresser des reproches... » Commencerait une fastidieuse course contre la montre afin d'expliquer la situation à un maximum de militants 'hors listing.' Pourtant, beaucoup d'entre eux affirmaient avoir d'ores et déjà été sollicités depuis longtemps par les militants de Jean-François Copé, afin de signer une procuration en faveur du maire de Meaux.

Ce dernier présentera au bout du compte 30'000 procurations le jour du scrutin, à rapporter aux 150'000 personnes ayant finalement pris part le 18 novembre à l'élection du président de l'UMP.

En parallèle, Alain Juppé ne serait pas resté stoïque. Alors que le maire de Bordeaux déclarait officiellement vouloir rester neutre durant cette élection, il n'aurait pas manqué de téléphoner à François Fillon vers la fin de campagne afin de lui vanter les vertus du « rassemblement. » Le maire de Bordeaux prédisait en effet un duel fratricide, et aurait estimé qu'une candidature d'union aurait consolidé au contraire le parti. Mais sous sa seule direction, naturellement. «

Juppé me demande de retirer ma candidature et d'appeler à voter pour lui! », confiera ainsi François Fillon à Yves d'Amécourt. Alain Juppé aurait alors expliqué en privé aux équipes de l'ancien premier ministre être « très proche du projet de François Fillon », et la « personne tout indiquée afin de le faire perdurer » les années suivantes en vue de la campagne présidentielle de ce dernier en 2017!

Alain Juppé aurait également en parallèle fait la même proposition à Jean-François Copé. Les deux candidats, -celui de la droite Loden et celui de la droite décomplexée-, ont pourtant immédiatement refusé cette sorte « d'identité heureuse de la droite » prônée par le « Bonze de Bordeaux . » Et pour cause, « la ficelle était trop grosse, il nous prenait pour des naïfs ? », s'amuse Yves d'Amécourt.

Au QG de François Fillon, au soir du 18 novembre, l'ambiance était autrement plus orageuse. Une impression d'injustice et de vol démocratique frappait en plein cœur les fillonistes. A la déception des uns, se mêlait la colère des autres. A l'incompréhension générale, se surajoutait une certaine envie de débuter un second round.

A 23h50 précises, François Fillon prenait la parole devant les caméras et les regards attentifs de la myriade de journalistes réunie dans son QG du VIIe arrondissement de Paris. Tout au long de sa sévère allocution, il contestera purement et simplement le résultat avancé par Jean-François Copé. Il se pose au contraire, à son tour, comme le seul et légitime vainqueur de l'élection. «Ces résultats me donnent une courte victoire de 224 voix», avance-t-il d'une voix grave et posée à la fois, avant d'ajouter, confiant et énergique, « je ne laisserais pas voler la victoire aux militants. » Les hourras de ces derniers, ponctués par quelques salves d'applaudissements surgis depuis les rangs du public, répondaient à un François Fillon combatif. Lui, qui était encore quelques semaines auparavant décrit sous les traits d'un notaire de province mou et effacé. De terne et hésitant, l'ancien Premier ministre faisait ainsi « honneur » à ses militants d'alors en refusant de céder au « diktat » des barons de l'UMP.

Les Français commenceraient pourtant dès cet instant à savourer, en avant goût dans les colonnes du Canard enchaîné, en direct sur BFM TV et en différé dans les comptoirs de bars et autres dîners de famille, un haletant feuilleton à rebondissements. Un « univers impitoyable » émaillé de piques et de 'magouilles', de déclarations à l'emporte-pièce et de savants calculs politiques. Un jeu d'échec abondamment filmé, rediffusé et commenté, aussi bien par les analystes politiques, que par des humoristes et les émissions d'infotainment en pleine ascension.
Dès 10h le lundi 19 novembre, la Cocoe allait reprendre son travail de dépouillage des urnes. Divers assesseurs s'affairaient à recompter scrupuleusement les résultats, sous l'œil attentif des observateurs des candidats.

# Les «radicalisés», chronique d'une lapidation politico-médiatique

Ce n'est que 24 heures après le coup de dés initial de Jean-François Copé, lundi soir, que le président de la Cocoe, Patrice Gélard, parviendra à 'trancher' le différend.

Profitant de l'absence des mandataires de François Fillon, -qui avaient pourtant clairement exprimé le souhait d'être informés tout au long du processus afin d'éviter les imbroglios des jours précédents-, Patrice Gélard rejoignit la salle de presse afin de clore le suspense devant un haletant parterre de dictaphones tendus, de stylos tremblotants et de caméras à l'œil rouge. A cette occasion, Patrice Gélard proclamera à nouveau Jean-François Copé vainqueur de l'élection. Par 50,03% des voix cette fois, contre 49,97% à François Fillon, ne manque-il pas de préciser. Jean-François Copé aurait très précisément cette fois-ci 98 voix d'avance. Las !, pour les équipes de Fillon le compte n'y est toujours pas. Les fichiers transmis par les fédérations locales ne coïncident pas avec ceux de la Cocoe.

Pour les nombreux cadres et militants investis dans la campagne, un tel écart de résultat était purement et simplement incompréhensible. Ainsi, divers militants s'acharneront à détricoter les fichiers mis à leur dispositions et multiplièrent les coups de téléphone afin d'éclaircir le mystère. Épuisés, démoralisés, ils quitteront souvent le QG vers 1h du matin seulement, afin de se reposer quelques heures avant de recommencer leur fastidieux travail d'analyse dès le mardi matin.

A force de comparaisons de fichiers et de regroupement de tableaux Excel, c'est une bénévole, souhaitant rester anonyme dans le cadre de ce travail, qui découvrira le pot-aux-roses : les résultats des départements d'outre-mer étaient manquants.

En parallèle, Laurent Wauquiez se chargera également de re-comptabiliser les votes, s'appuyant de son côté sur les résultats des motions. Ainsi, François Fillon totaliserait selon lui 88'004 voix, contre 87'978 en faveur de Jean François Copé.

Entrée en politique par hasard aux côtés du député Jérôme Chartier, cette bénévole avait rejoint dès 2012 les équipes de François Fillon, à l'aune à son passé entrepreneurial et de son expérience dans le management d'événements. Elle avait rencontré déjà François Fillon en 2011, alors qu'elle devenait le chef de Cabinet d'une secrétaire d'État. L'homme l'avait « immédiatement impressionnée », explique-t-elle par ailleurs. Elle loue d'emblée les qualités humaines qu'elle lui aurait alors trouvé, ce pragmatisme et cette habitude qu'il a de prendre du recul vis-à-vis des dossiers les plus sensibles. Contactée directement en juin 2012 par l'ancien chef de Cabinet du Premier ministre, afin de constituer l'équipe de campagne en vue de l'élection à la présidence de l'UMP, elle profitera de cette occasion inespérée pour se rapprocher davantage de François Fillon.

# Les «radicalisés», chronique d'une lapidation politico-médiatique

S'ensuivent pour elle des mois à dépouiller le courrier,  à gérer les bénévoles qui rédigeaient les réponses, saupoudrées de longues soirées à récolter puis à comptabiliser les parrainages d'adhérents de l'UMP, à préparer des éléments de langage, émaillées par de longues heures d'une relecture attentive des discours de François Fillon ou de préparation des déplacements. « On était vraiment en mode start-up, avec un objectif clair en tête, la confiance du chef et de la flexibilité dans l'exécution. Nous étions tous vraiment épuisés à la fin, mais on a fait du beau travail! »

Le dimanche 18 novembre, après avoir visité plusieurs bureaux de vote parisiens en quête d'irrégularités, -et elles étaient nombreuses-, la fameuse bénévole était chargée en compagnie d'autres militants de gérer des incidents à travers toute la France. Faire le résumé de l'incroyable accumulation d'erreurs volontaires, de « bourrages des urnes » ou de tricheries patentes qui ont animé la journée, occupera par ailleurs une bonne partie de sa soirée.
Dès 10h en effet, Michèle Tabarot, la colistière de Jean-François Copé, avait dénoncé des irrégularités dans le bureau de vote n°1 de Nice. Un bureau de vote jugé favorable à François Fillon. La journée s'annonçait de fait assez tendue.

La bénévole échangeait aussi à intervalle régulier par téléphone avec Laurent Wauquiez afin de gérer au mieux les problèmes survenus sur le terrain, tout en le tenant informé des résultats qui lui parvenaient en temps réel. Elle s'est en effet affairée dès la fin de l'après-midi à prendre note, l'un après l'autre, de tous les résultats qui remontaient des différentes fédérations de l'UMP.

A trois heures du matin, le lundi 19 novembre 2012 déjà, la jeune femme alors chargée de la fastidieuse centralisation des résultats au sein d'un tableau Excel salua ses collègues et alla se coucher. Épuisée. Démoralisée sans doute, elle ne reparut pas le lendemain. La fameuse bénévole était alors la seule à savoir se servir d'un tableur, et c'est ainsi qu'elle fut appelée à la rescousse afin de la remplacer au pied levé.

Dans la matinée de mardi, finalement, après quelques heures à décortiquer les interminables tableaux dont elle a hérité, elle commençait cependant à son tour à baisser les bras. Elle n'arrivait désespérément pas à trouver les bons résultats au gré de ses calculs. Les traits tirés, elle se confiera finalement de guerre lasse à Charlotte Wauquiez au détour d'un café très noir. Cette dernière accompagnait en effet ce jour-là son époux, invité à une réunion exceptionnelle organisée au Quartier général de la campagne. « Je n'ai pas les mêmes résultats, j'aimerais comprendre ! Où est-ce que je me suis trompée ? », répète-t-elle à plusieurs reprises au cours de leur conversation. La bénévole se sentait-elle ce jour-là quelque peu blâmable de la situation qui affligeait tous les militants présents au QG, responsable de cette cohue, de ces faux espoirs qui ont ruiné les sourires et de cette 'gueule de bois' qui alourdissait l'ambiance? C'est possible. Pire, elle n'arrivait pas à trouver la moindre erreur dans ses tableaux, ce qui interdisait aux équipes de François Fillon de répondre aux déclarations de Jean-François Copé de manière chiffrée et argumentée. La bénévole semblait porter sur ses épaules le poids de cette incroyable déconfiture électorale.

Touchée par son désarroi, Charlotte Wauquiez lui proposera finalement de lui transmettre les tableaux remis par la Cocoe. Elle envoya ainsi sur le champ un SMS à son époux afin de lui demander l'autorisation, et ce dernier accepta dans la foulée par retour de SMS.

La réponse à toutes les interrogations que se posaient les militants lui bondirait immédiatement à la gorge. Son souffle s'interrompant l'espace d'un instant, alors qu'elle n'en croyait pas ses yeux. Une fois les deux fichiers Excel mis côte à côte, la bénévole comprenait en effet que les résultats de trois départements n'avaient purement et simplement pas du tout été comptabilisés par la Cocoe. Inconcevable! Les votes avaient juste été inclus de manière confuse au sein des résultats des Français de l'étranger, sous la dénomination « vote par correspondance », puis ils avaient finalement été ignorés. En adjoignant les résultats de ces trois départements, c'est à dire ceux qui avaient voté par internet, au décompte « officiel » fourni par la Cocoe, François Fillon repassait mathématiquement, « logiquement », en tête de l'élection pour la présidence de l'UMP.

Le soulagement immédiat se mêlait d'emblée à une indescriptible colère.

« De toute façon on n'aurait pas pu gagner, Jérôme Lavrilleux (directeur-adjoint de la campagne de Nicolas Sarkozy en 2012, chef de Cabinet de Jean-François Copé à la mairie de Meaux et personnage central de l'affaire Bygmalion, ndla) était complètement acharné, méchant, terrifiant dans sa façon d'être. Il pétait les plombs car il savait que si François Fillon gagnait, il pourrait avoir sous les yeux les comptes de la campagne de Sarkozy. » Une véritable bombe à retardement, en effet, qui aurait certainement à leurs yeux donné un certain pouvoir à François Fillon par la suite. Lorsque François Fillon se rendit au bureau de la commission lundi matin à 3h45, l'échange qu'il eut avec Jérôme Lavrilleux fut par ailleurs décrit comme ayant été particulièrement virulent.

Il est difficile en effet d'imaginer, après tous les jeux de pouvoirs qui ont émaillé la droite ces dernières années, après l'affaire DSK qui a tué dans l'œuf la candidature de ce dernier, que les équipes de Nicolas Sarkozy auraient abandonné à celles, rivales, de François Fillon de telles munitions : les clés de l'affaire Bygmalion. Alors que François Fillon espérait « désarkoïser » le parti, et que Nicolas Sarkozy redoublait d'efforts afin de placer ses pions et de 'bunkériser' l'UMP, François Fillon n'aurait-il pas trouvé là le joker qui lui aurait permis de défricher sereinement la Droite ? Nicolas Sarkozy, décrit à l'envi par certains fillonistes comme un « parrain de la mafia qui utilise ses lieutenants pour flinguer ceux qui pourraient être une menace », aurait-il pris le risque de voir son propre jeu se retourner contre lui ? Nul ne saura jamais ce qu'aurait donné un tel scénario. « Avec des si... »

Divers éléments troublants sont en outre évoqués par les différents participants à la campagne. Ainsi, les fédérations réputées les plus favorables à François Fillon comptaient-elles sensiblement moins de bureaux de vote que les autres. François Fillon lui-même avait été contraint de faire longuement la queue afin de voter. « Il y avait parfois trois ou quatre heures d'attente devant certains bureaux, ça créait des tensions », se rappelle très bien une militante présente au QG. Cette dernière se souvient également très bien avoir vu le maire du VIIIe arrondissement de Paris, François Lebel, -alors président d'un bureau de vote-, distribuer des procurations en faveur de Jean-François Copé à quelques mètres même des urnes. Certains délégués de circonscription auraient en outre falsifié certaines procurations, les faisant passer de François Fillon à Jean-François Copé. Dans les Alpes Maritimes, certains responsables demandaient semble-t-il à leurs militants de ne pas émarger, ou de ne pas faire émarger les registres, afin de pouvoir plaider ensuite un bourrage des urnes en faveur de François Fillon. Autre surprise, -parmi tant d'autres découvertes post-électorales-, plus de 120 électeurs différents auraient partagé exactement la même adresse postale, qui était également celle d'un député UMP de Paris. Copéiste.

«Troublant...», tel était le ressenti que beaucoup de fillonistes historiques garderont de la campagne de 2012. Un violent choc originel, une défiance vis-à-vis des structures du principal parti d'opposition à Droite, et une impression de « vol démocratique » qui les marquera durablement. Patrice Gélard, pourtant professeur de droit, se « ridiculisera » après coup en balayant maladroitement le sujet des irrégularités, parlant des « traditions de fraude » habituelles dans certaines fédérations du parti.

A l'inverse, le score important du candidat Copé, - qui se décrivait comme « le premier des sarkozystes »-, durant cette élection, et l'incapacité de ce dernier à affirmer un leadership clair, eurent un corollaire : ils remirent en scène Nicolas Sarkozy, qui se voyait déjà jouer le match retour contre François Hollande.

« Déjà en 2012 j'aurais aimé que Nicolas Sarkozy ne se représente pas et qu'il passe la main à François Fillon. Il ne se rendait pas compte de l'aversion qu'il provoquait chez beaucoup de Français, et il n'aurait jamais pu gagner. A partir du moment où François Fillon a été candidat de l'UMP, j'ai même adhéré pour la première fois au parti afin de pouvoir voter pour lui », affirme une militante filloniste.

« Nicolas Sarkozy était resté dans l'illusion qu'il lui manquait 15 jours pour remporter la victoire, et ses conseillers le maintenaient dans cet aveuglement afin de l'inciter à y retourner en 2017. Ils avaient tout intérêt à ça, en fait », renchérit-elle. Cette dernière explique également avoir senti une volonté claire du « clan Sarkozy », tout au long de l'élection du président de l'UMP, de « pourrir la situation », ou en tout cas de « rendre ingouvernable le parti. »

Ancienne candidate à la mairie de Limoges, ancienne présidente du RPR régional, et membre du Conseil National de l'UMP, Béatrice Martineau connaît assez bien Nicolas Sarkozy. « Pendant sa traversée du désert, je le voyais beaucoup. Nicolas était ami avec Alain Marsaud et il venait régulièrement dans la région. Je me rappelle cette époque, quand je l'emmenais en voiture. On avait beaucoup sympathisé, c'était un homme très agréable », se souvient-elle. Cependant, elle ne manque pas aujourd'hui d'accuser Nicolas Sarkozy d'avoir voulu brouiller les cartes. « Alors que François Fillon faisait son petit bonhomme de chemin sans se préoccuper des calculs, Nicolas Sarkozy et Alain Juppé cherchaient avant tout à savoir qui ils devraient éliminer pour gagner. On savait tous que Sarkozy tirait les ficelles en sous-main ! Il avait eu tort de dire qu'il en avait fini avec la politique, et ça l'a obligé à créer les conditions de son retour », ajoute-t-elle. Nicolas Sarkozy aurait-il été l'instigateur de la guerre Copé-Fillon en 2012 ? Ou aurait-il en tout cas profité de la guerre interne pour poser les premières pierres de son retour en 2014 ?
En 2012 débute en tout cas la guerre d'égo la plus fratricide qu'ait connu la droite depuis la scission Chirac-Balladur en 1994, alors en vue de l'élection présidentielle de 1995.

A l'époque, une lutte implacable était engagée entre le chef tutélaire, Jacques Chirac, et son ancien « ami », Edouard Balladur, qui prétendait l'écarter de la route vers l'Élysée. Dix-huit ans plus tard, c'est sur les différents plateaux de télévision des chaînes d'information en continu que d'impitoyables pugilats oratoires opposent à nouveau les divers lieutenants de François Fillon et de Jean-François Copé. Divertissant, -ou désespérant-, pour la France entière.

Le parallèle laisse cependant entrevoir l'atmosphère qui entourera la Droite au cours des années à venir : une maison UMP/LR divisée contre elle-même, comme le fut le RPR avant-hier. Un entrelacement de blessures qui ne se referment pas, mais au contraire s'entre-alimenteront au gré des phrases assassines assénées par les uns et des autres. De fait, une guérilla oratoire du clan battu contre celui du vainqueur,  des litanies de mauvaise foi et des reproches à la pelle, émailleront les plateaux de télévision et les très nombreuses 'brèves de comptoir' militantes. A droite, chacun la sent, beaucoup la redoutent, certains l'espèrent de tout coeur, mais personne ne semble en mesure d'empêcher la guerre interne.

Des postures familières refont surface: hier, Edouard Balladur était plébiscité par les sondages et enchaînait les ralliements de caciques, tandis qu'aujourd'hui c'est au tour de François Fillon d'apparaître comme le favori porté par les sondages et l'ardeur du peuple de droite. Hier, Jacques

Les «radicalisés», chronique d'une lapidation politico-médiatique

Chirac en appelait aux militants afin de jouer la classique partition du candidat du peuple opprimé par le diktat des élites parisiennes du parti, alors qu'aujourd'hui Jean-François Copé occupe ce rôle.

Un brouillard de guerre mêlant habilement communication et victimisation étreignait l'arène.

« On n'avait rien d'une élite du parti, c'était plutôt Copé et tous ses réseaux sarkozystes qui phagocytaient l'UMP et nous menaient la vie dure », s'amuse Loïc Leprince-Ringuet.

## 2.    Vers la création d'un nouveau parti ?

« On a beaucoup raillé les députés internet de Macron, mais ça a marché », explique l'une des cadres du QG, avec une pointe de cynisme. « On était quelques-uns à avoir proposé à François Fillon de monter son propre parti politique, hors de l'UMP, quand on a senti que Copé allait nous flouer. Car finalement le groupe R-UMP était très puissant ! Mais ça aurait été trop long et trop compliqué selon lui. C'est dommage, avec le recul, si on avait su ! »

Au matin du mercredi 21 novembre 2012, l'ambiance est électrique dans la petite salle de presse située au second sous-sol d'une annexe de l'Assemblée nationale. François Fillon révélait le pot-aux-roses. Les journalistes, eux, étaient comblés par ce nouveau rebondissement. Le soir même, invité au 20h de TF1, François Fillon annonçait renoncer à la présidence de l'UMP, réclamant toutefois la vérité sur les résultats et en appelant à l'arbitrage d'Alain Juppé. Le troisième homme, lui qui s'était également activé en coulisses depuis des semaines. Dans le même temps, François Fillon menaçait devant la France entière de saisir la justice contre le 'président' de l'UMP. Pour l'ancien premier ministre, la principale bataille vise dès à présent à conquérir les cœurs et les esprits de l'opinion publique. Fort de la sympathie qu'il suscite auprès du grand public, il espérait ainsi viser le long terme, se posant en modèle d'intégrité républicaine face à un Jean-François Copé putschiste, ce dernier pouvant perdre ce faisant une partie de sa crédibilité démocratique.

Un nouveau coup de théâtre survient le 22 novembre, lorsque Patrice Gélard signe un communiqué officiel affirmant que la prise en compte du vote de ces trois fédérations aboutirait probablement à une inversion du résultat final. Un aveu d'incompétence pour la Cocoe, et une victoire symbolique pour le camp de François Fillon. Le même jour, Jérôme Lavrilleux contre-attaquait. Il prenait pour la première fois la parole devant la presse, afin de dénoncer un « bourrage des urnes » dans les Alpes Maritimes. Prévisible, à l'aune des irrégularités signalées tout au long du scrutin.

Acculé, Patrice Gélard fut dès lors contraint de céder à nouveau du terrain. Le 25 novembre, Alain Juppé échouera en parallèle à trouver une conciliation entre Jean-François Copé et François Fillon.

Une nouvelle péripétie survint le lendemain, quand la Commission nationale des recours confirmait la victoire de Jean-François Copé, « avec 952 voix d'avance », suite à l'annulation des suffrages dans les Alpes Maritimes et en Nouvelle Calédonie. Les fédérations les plus favorables

# Les «radicalisés», chronique d'une lapidation politico-médiatique

à François Fillon.

Le mardi 27 novembre, face à une sorte de « coup d'État institutionnel » avant l'heure, François Fillon décidait d'officialiser une contre-attaque face à un parti qu'il présentait comme étant de fait corrompu. Le R-UMP, un groupe parlementaire dissident à l'Assemblée et composé par 67 députés, allait scinder en deux le principal parti d'opposition à François Hollande.
Le 8 janvier 2013, dernier revirement de taille, alors que Patrice Gélard accusera à son tour Jean-François Copé d'avoir manipulé l'élection.

Le mardi 26 février 2013, afin de clore cette piteuse séquence électorale, François Fillon déclarait à la Mutualité, à Paris,  qu'il fera tout pour être le candidat de la droite à la prochaine élection présidentielle. Il devenait dès lors certain qu'il faudrait que François Fillon se mette à l'écart de l'UMP afin de mener cette campagne.

Alors que François Fillon se préparait à mener un marathon en vue d'appuyer sa candidature à l'élection présidentielle de 2017, la création du micro-parti Force Républicaine en février 2013 lui permettrait à minima de financer ses déplacements, -à raison de deux ou trois par semaine en moyenne-, d'organiser le maillage territorial local, de récolter des fonds, d'organiser des actions d'élargissement du réseau local de François Fillon et de travailler avec une certaine légitimité institutionnelle.

Dès 2013-2014 en effet, le nouveau président de l'UMP, Jean-François Copé, avait pris soin de « couper les vivres » à François Fillon. Nicolas Sarkozy lui-même s'était déjà attelé à cette tâche durant le quinquennat précédent, sachant bien que François Fillon ne pourrait critiquer les nominations du président sans passer pour son opposant. Écarter les soutiens de François Fillon des postes de premier plan devient un sport très prisé, assez lucratif au demeurant pour certains 'remplaçants.'

Dans le même temps, l'UMP était en proie à de graves problèmes financiers, liés aux dépenses gigantesques de la campagne présidentielle de Nicolas Sarkozy en 2012. François Fillon, bien que sans ressources extérieures, pourrait ainsi manœuvrer dans l'ombre afin d'agencer ses divisions. Les cadres du parti avaient d'autres chat à fouetter, et l'ombre des cabales politiciennes pourrait s'éloigner de Force Républicaine. Un temps, du moins.

Au sein du QG de François Fillon, les moyens étaient cependant comptés. Des bouts de ficelle. L'une des cadres explique ainsi s'être contentée durant certaines périodes de l'aide de deux stagiaires afin de « faire tourner la boutique. » Autre figure essentielle de cette traversée du désert, Nathalie Etzenbach était chargée de trouver des grands donateurs et de lever des fonds.

Adjointe à Neuilly, elle sera cependant remplacée par Arnaud de Montlaur au moment des élections régionales. Gauthier Guignard prendra pour sa part la tête du pôle digital, et comptera sur le soutien de deux stagiaires à la fin 2015. Tout le reste du travail devait cependant être sous-traité à des prestataires extérieurs, faute de personnel, de matériel ou de temps. La charge de travail était de fait harassante.

« Si François Fillon avait abandonné le combat en 2013 et fait le dos rond suite à la guerre, ça aurait probablement laissé une impression de manque de courage. Il fallait y aller », se justifie pourtant une cadre filloniste.

Du fait de ce travail acharné, grâce à une remobilisation continue des réseaux fillonistes et à la réactualisation d'un important fichier de sympathisants qui avait été compilé en 2012-2013, les cadres de la campagne seront rapidement en mesure d'identifier les internautes susceptibles de constituer les premiers bataillons de l'armée numérique. Des mailings, des diaporamas et des téléconférences permettront petit à petit de structurer cette force de frappe centrée sur les réseaux sociaux.

Un gros travail de lobbying sera également mené en sous-main afin d'affermir la crédibilité de François Fillon comme candidat à la présidentielle, tout en n'attirant pas trop l'attention des « flingueurs » de l'UMP. De fait, alors que l'ancien Premier ministre faisait son « tour de France » à la rencontre des citoyens, d'autres acteurs affûtaient leurs poignards en vue des échéances électorales à venir.

« A partir de 2014-2015, il a fallu afficher une unité de façade pour préparer les municipales et les régionales, mais les cicatrices de l'élection de Copé étaient encore là », se souvient Antoine de Chemellier. Tout le monde se mettait également doucement en ordre de bataille en vue de la présidentielle 2017, remotivés par le fait que François Hollande affichait déjà quelques signes avant-coureurs de fragilité.
S'ensuivront trois années de recompositions politiciennes internes au sein de l'UMP, de lutte d'égo et de préparatifs en vue du sprint final vers l'échéance présidentielle.

## I. François Fillon se remet en ordre de bataille

"Je n'ai jamais eu de goût pour la contemplation", lançait Nicolas Sarkozy le 30 janvier 2014 lors d'une cérémonie dans la ville de Châtelaillon-Plage, avant de poursuivre en souriant: "Là où la mer est passée, elle revient." Dès lors, il devenait certain à la fois que François Fillon ne pourrait plus compter sur le parti, et que les prochains combats électoraux seraient encore plus rudes.

### 1.     Malheur au vaincu

En cette fraîche matinée de janvier 2014, un petit groupe d'une dizaine d'entrepreneurs accompagnés par quelques discrets hommes de réseau faisant le lien, se retrouvait au restaurant 'Lucas Carton'. Un établissement chic de la capitale, situé en face de l'église de la Madeleine. A 500 mètres et trois ans seulement du Palais de l'Élysée, résumeront-ils. Couverts en argent, meubles en bois massif richement sculptés, quelques vins raffinés et pléthore de questions posées à François Fillon se partageaient la table. L'ancien Premier ministre y exposait sa « volonté » pour la France, tout en annonçant à ses invités sa « mise en ordre de bataille » et son impérieux besoin de soutiens, -à la fois financiers, et intellectuels -, afin de participer à la conception du programme. Le ton donné la réunion était convivial et formel à la fois, se souvient bien Guillaume Renondin, fondateur d'une start-up informatique. C'est par l'entremise d'Isabelle Schmid, - « la fidèle d'entre les fidèles » dira-t-il après la campagne -, que le dynamique quinquagénaire a été présenté ce matin-là à l'ancien Premier ministre. « J'ai été vraiment intimidé par la stature qui se dégage de la personne de François Fillon, puis impressionné par sa méticulosité, sa maîtrise de la construction de sa pensée, et par sa capacité à exploser à la fois des sujets très larges puis à évoquer dans la foulée et de manière cohérente des problématiques très précises. A la fin de l'entretien, je lui ai simplement dit 'Banco' », se souvient Guillaume Renondin. Un timide rayon de soleil réfléchissait alors sur les colonnes en marbre blanc de l'église de la Madeleine, scintillant au travers des larges fenêtres du restaurant.

Inlassablement en ce début 2014, François Fillon multipliait les visites et autres tables rondes, au cours de ce qui ressemblait à s'y méprendre à une traversée du désert politique. Il semblait en effet paradoxalement assez esseulé, lui qui moins de deux ans auparavant comptait parmi les hommes politiques les plus appréciés des Français. En 2011, les sondages l'annonçaient en effet davantage populaire que Nicolas Sarkozy auprès des Français, et mieux placé que le président sortant pour battre le candidat du parti socialiste. Toutefois, les jours passant, quelques uns de ses anciens soutiens cédèrent à un certain opportunisme en ralliant Jean-François Copé, ou en tout cas en s'accommodant bien de lui, tandis que les autres se consacrèrent tout simplement corps et âme à leurs propres échéances locales. « Il y a eu beaucoup de défection en faveur d'Alain Juppé ou de Jean-François Copé à ce moment-là, beaucoup d'opportunisme », se souvient Antoine de Chemellier, la voix grave. « A l'inverse, je me souviens à l'époque, je croisais Aurore Bergé aux meetings de François Fillon en province. Elle nous avait rejoints par pur opportunisme, pour se démarquer des sarkozystes dans les Yvelines, en vue de s'enraciner politiquement. Elle est ambitieuse, et pas à un reniement près », s'amuse-t-il dans la foulée, sur un ton beaucoup plus léger.

Au niveau du jeune mouvement Force Républicaine, prenant dès février 2013 la suite du club politique « france.9 » afin de soutenir la candidature de François Fillon à la campagne présidentielle de 2017, un sentiment de solitude était cependant palpable.

François Fillon disparaissait petit à petit du «grand» champ médiatique.

De plus, à partir de 2014-2015, le déclenchement de l'affaire Bygmalion calmera les ardeurs belliqueuses des cogneurs de l'UMP et imposera une unité de façade. Le temps des coups de communication et des effets d'annonce serait révolu, ce qui empêchera François Fillon de débuter son labourage de l'opinion en surfant sur les vagues de l'opinion. La mise en place de sa stratégie de communication 'du faible au fort' serait d'autant retardée.

Ainsi, quoique se disant fortement influencée par François Fillon depuis 2007, une élue de Bretagne n'avait pas pu prendre une véritable part active à cette campagne-marathon de l'ombre débutée à la fin 2013. Ses autres obligations et les calendriers politiques locaux imposaient en effet leur propre rythme. Les élections municipales et départementales étaient déjà dans toutes les têtes, et à leur préparation se mêlaient d'âpres querelles de clocher destinées à départager tous les cadres qui briguaient la même investiture. Chaque écurie en profitait bien sûr pour essayer de soutenir ses fidèles, afin de pouvoir maximiser ses chances de l'emporter au 'coup d'après.' Ceux qui détenaient les clés du parti avaient toutefois en main un avantage tactique.

Pour autant, devenue adjointe au maire et conseillère départementale, cette élue du Morbihan profitait de ses mandats électifs afin de s'improviser 'sergent-recruteur.' Présidant un comité d'élus locaux, son emploi du temps politique ordinaire lui permettait de faire, de temps à autre, de discrets appels du pied à l'attention des personnalités qu'elle côtoyait. Loin des effets annonces brandis au 20h par certains autres barons, son quotidien était davantage marqué par un subtil lobbying sur le temps long. Sans visibilité, ni remerciement, ni satisfaction immédiate. Un quotidien parfois frustrant.
« Nous avons mis en place un chemin de fer et défini des étapes claires. Des cellules étaient chargées de contacter les équipes locales, de réfléchir à l'organisation des meetings, d'enrichir les fichiers NationBuilder, de solliciter les gens par mail, SMS, Instagram, Whatsapp, Facebook etc. », se souvient François Miquel, coordinateur de la campagne.

De son côté, élu en Gironde, Bruno Dumonteil s'est engagé dès 2012 en faveur de François Fillon. Alors que faisait rage le duel Copé-Fillon, qui l'horrifia profondément, il créa en effet une association de soutien en faveur de François Fillon. Il sera ainsi contacté dès 2013 par Yves d'Amécourt afin de rejoindre la nouvelle structure de Force Républicaine. Les fillonistes se comptaient alors sur les doigts d'une main dans cet imprenable bastion juppéiste, et les bonnes volontés étaient scrutées avec attention. « On contactait tout d'abord nos amis et nos clients, et on faisait des petites réunions pour motiver du monde. On était trois, puis deux, puis quatre. En 2015, on n'avait que dix ou vingt militants actifs en Gironde, et dans certaines circonscriptions il n'y en avait parfois qu'un seul », se souvient-il. Tous les outils de campagne venaient alors de Paris. Quelques tracts, des affiches et des accès au logiciel Nation Builder, destiné à faciliter l'organisation pratique de la campagne.

Pour autant, reconquérir l'opinion ne pourrait se faire qu'en proposant aux français une nouvelle façon de faire de la politique. L'apôtre du «la France est en faillite», ne pourrait décemment pas réchauffer les vieilles recettes de la droite française.

« J'avais fait un constat : quand les politiques proposent des choses, l'administration les intègre à une vitesse plus ou moins élevée, ou les bloque carrément. Quand c'est au contraire l'administration qui propose, les politiques jugent les propositions en fonction de leur adéquation avec une idéologie », se souvient l'un des initiateurs de la Société civile.
Au cours d'une discussion avec l'ancien premier ministre, en juin 2013, ce dernier aurait confié: « au sein des partis, nous concevons un programme, en interne, puis organisons des consultations pour lui apposer un vernis. Proposez moi une démarche? »

« Vous avez carte blanche », lança donc François Fillon aux quelques membres du 'pôle projet' de sa campagne en janvier 2014. Béatrice Martineau, Isabelle Schmid, Patrick Stefanini, François Bouvard et Pierre Danon se partageaient alors la petite table d'une salle située au sous-sol de l'un des bâtiments de l'Assemblée nationale.

Ayant trois ans devant eux, les équipes de campagnes décidèrent de créer leur projet brique après brique, en mettant autour d'une table des parlementaires, des hauts-fonctionnaires et des experts issus de la société civile. Les membres du pôle projet se donneraient en outre désormais comme consigne de parler sans tabou.

« J'aurais du boulot pour toi, mais attention ce sera plus chargé qu'un simple mi-temps ! » avait ainsi lancé le député Jérôme Chartier à l'attention de Béatrice Martineau. Toute nouvelle aide était en effet infiniment précieuse. Recréer un organigramme de campagne et des structures de réflexion programmatiques quasiment de toutes pièces, -travail ingrat mais au combien indispensable-, prendrait du temps.
Très vite, des ateliers de travail ont été mis en place afin de donner de la consistance au futur programme. Nécessité faisant loi, l'envie qu'avaient certains cadres fillonistes de faire davantage appel à leurs contacts et relations extra-politiciennes se concrétiserait à cette occasion.


Multipliant les dossiers et les argumentaires, ils confrontaient régulièrement leurs réflexions avec des professionnels en activité issus de la société civile, au cours d'auditions qui pouvaient se faire dans des salles de l'Assemblée nationale ou dans divers locaux prêtés par des entreprises. Au terme de ce laborieux travail d'analyse, ils listaient des options destinées à atteindre les objectifs qui seraient fixés par projet 'Fillon 2017', tout en indiquant à chaque fois les coûts de mise en œuvre et les conséquences pratiques de chaque proposition. En positif comme en négatif, au demeurant.

Les équipes commencèrent par axer leurs réflexions autour de trois thèmes clés. L'éducation serait le premier d'entre eux. L'économie et l'emploi seraient également traités en priorité. Prenant chaque fois entre trois et six mois pour aborder ces sujets, l'équipe projet obtient au milieu de l'année 2014 un ensemble de dossiers « assez charpentés », représentant entre douze et quinze pages, et émaillé d'un chiffrage précis.

C'est François Fillon lui-même qui tranchait en dernier ressort, au cours d'une réunion de pilotage en présence de l'équipe centrale. Tout au sommet de la pyramide, François Fillon assemblait en effet les briques façonnées par ses équipes, afin de bâtir un édifice programmatique en fonction de l'essence philosophique qu'il espérait insuffler à sa candidature. Il écoutait longuement les exposés et les remarques formulées par ses collaborateurs, passait beaucoup de temps à répondre aux questions, notait dans un carnet énormément de suggestions ou de points auxquels il ne savait pas répondre précisément, afin d'y revenir plus tard, et prenait du temps avant de livrer des arbitrages. « Frustrant », avoueront cependant plusieurs participants à ces réunions, qui avaient du mal par moments à cerner la méthode du candidat. « Empathique », jugeront au contraire d'autres fillonistes, pour lesquels cette attitude d'écoute et de prise de recul faisait une agréable différence d'avec le 'je-sais-tout' de Nicolas Sarkozy. « Une véritable carrure présidentielle transcendante, loin du bling-bling d'avant. »

« François Fillon était pleinement impliqué dans les réunions, la mise en place des meetings et les débriefings. C'est lui qui tranchait à la fin », confirme François Miquel.

Le « pôle mobilisation », sous l'impulsion de Jean Corso et d'Eric Chomaudon, et le pôle communication, sous la direction de Myriam Lévy, mettaient ensuite en forme les propositions avancées par les comités thématiques afin de les diffuser par le biais de tous leurs canaux et de les faire infuser par les militants de l'armée numérique au gré du cyberespace.

« Il n'y avait alors pas de hiérarchie stricte entre les gens et une grande humilité au sein de ces groupes, se souvient une cadre de l'équipe projet, on travaillait avant tout pour la France. On ne se comparait pas en se demandant tous les quatre matins : 'tu as vu François, toi? Combien de fois tu l'as vu ?' » Les gens âgés et des plus jeunes collaboraient assez étroitement au QG et créaient facilement des liens, à en croire les différents témoignages, et il n'y aurait pas eu outre mesure de volonté de flatter l'égo du candidat afin de se faire bien voir. Contrairement à d'autres écuries où la flagornerie à outrance aurait été monnaie courante, et même partie intégrante du cursus honorum. « On s'en prend plein la figure, alors on ne peut vraiment pas nous accuser de carriérisme. Au contraire, si on n'avait pas de convictions ça ferait longtemps qu'on serait retournés avec les autres dans le rang », aurait renchéri à ce sujet le député Jean-François Lamour durant l'une de ces réunions, irrité par une pique lancée à son attention par un cadre primo-militant issu de la société civile avec Fillon.

Cependant, François Miquel ne manque pas de préciser que de nombreux « soucis de personnes » ont émaillé la traversée du désert et la campagne de la primaire de la droite et du centre. « Il fallait beaucoup user de diplomatie avec les uns et les autres, car il y avait beaucoup de problèmes d'égo et d'ambitions. Certains remuaient ciel et terre pour avoir des postes, mais se révélaient peu compétents ensuite et mettaient la pagaille pour y rester. » Le manque cruel de militants dans les premiers temps permettait en effet à certains ambitieux, en particulier au sein des jeunes, de monter à peu de frais dans la hiérarchie afin de se créer une place en vue des échéances électorales suivantes. Des cadres de la campagne de Jean-François Copé, de Bruno Le Maire ou de Nathalie Kosciusko-Morizet suivaient en parallèle la même logique. Une fois cette légitimité acquise, permettant la constitution d'un premier semblant de réseau politique, ils auraient ensuite tout loisir de changer de camp à l'aune d'une « indignation » ou d'un quelconque autre prétexte. Gangrène de la droite française.

Au quotidien, les groupes de travail étaient du coup assez cloisonnés. Chacun était à sa place. Tout était fait afin de limiter les jeux politiciens et autres valses des postes entre amis. Un esprit teinté de néo-fordisme présidait aux groupes de travail, qui eux-mêmes s'astreignaient à créer une forme de stakhanovisme électoral. Ainsi, les participants aux ateliers ne se confrontaient qu'au cours des grandes réunions de bilan. Ils se consacraient de fait à leur tâche avec application, et étaient invités à ne pas s'éparpiller en 'politique politicienne.' De manière assez surprenante, la convergence de toutes ces propositions s'est ensuite faite de manière assez naturelle. « C'est dû au caractère de François Fillon, à son énergie et à sa volonté, qui se transposaient chez tous ceux qui étaient avec lui. La Vision de François faisait de toute façon sens, et ses arbitrages tout au long de l'année donnaient de la cohérence au projet ! »

Les moyens de l'UMP étant inaccessibles, l'idée d'intégrer les bonnes volontés éloignées du monde militant était avant tout une nécessité politique.

« Une fois qu'on a mis le petit doigt dedans, on continue tout simplement. Et comme on est avant tout des bénévoles, on nous en a demandé toujours plus. » Le tiers de l'emploi du temps hebdomadaire de Guillaume Renondin sera ainsi consacré dès 2014 à son activisme en faveur de François Fillon, et ce jusqu'au premier tour de la Primaire. « Certains soirs, je n'espérais plus qu'une chose : rentrer chez moi pour me reposer un peu », confie-t-il, avant d'ajouter : « et après le second tour de la Primaire, ce sera encore plus intense et difficile à coordonner. »

Listant successivement des horaires compliqués, des soucis divers et déplorant un certain manque de reconnaissance pour ce « formidable » travail militant, -notamment au niveau des investitures aux législatives qui firent la part belle aux habituels 'barons LR' en juin 2017-, il arbore pourtant un large sourire. Ses yeux, rêveurs, affichaient subrepticement quelques petites rides en coin, étincelant sous les accents nostalgiques de sa voix devenue soudain un peu plus lente. Un léger soupir parachève le tableau qu'il offrait alors.

Ce paradoxe affectif se retrouvera dans nombre de témoignages de fillonistes de la première heure.

## 2.    Des militants en compagnie quotidiennement du couple Fillon

Février 2015. Une fine pluie tombait ce matin-là sur les rues de Paris. Enserrée dans son manteau beige, Penelope Fillon poussait délicatement la porte du QG de campagne de son époux. Dans un grand appartement de la rue Bixio. Balayant d'un rapide coup d'œil les personnes présentes dans le QG, elle s'avança vers quelques jeunes militants afin de se présenter. Elle avait en effet demandé quelques jours auparavant à s'entretenir avec Gauthier Guignard, en vue de rejoindre l'équipe. « Elle nous a contacté car elle voulait nous aider concrètement à faire campagne. »

« Penelope Fillon, que j'avais sollicitée pour nous aider dans le cadre de l'opération 'parrainages' a été une vraie stagiaire parmi nous, elle était adorable », se souvient Danièle Deschamps. Ancienne femme de préfet, fille d'un conseiller de Jacques Chaban-Delmas, Danièle Deschamps est une habituée des coulisses politiques françaises. Voisine depuis de longues années de la famille Fillon à Paris, elle avait déjà pris part à la campagne présidentielle de 2006-2007, puis était chargée de faire remonter jusqu'à François Fillon entre 2007 et 2012 les problématiques citoyennes et questionnements ayant trait au VIIe arrondissement parisien. Rachida Dati, l'édile de cet arrondissement, était en outre particulièrement hostile à François Fillon, député de la circonscription qu'elle-même convoitait. Danièle Deschamps prit ensuite part à la campagne présidentielle. Elle milita activement durant la campagne législative de François Fillon en 2012, en tenant notamment sa permanence. « J'aime beaucoup Penelope et François Fillon. Je pense qu'une relation de confiance s'est construite au fil du temps », explique-t-elle.

Danièle Deschamps connaît également bien Jean-François Copé, qui avait lui-même fait ses débuts politiques dans le VIIe arrondissement de la capitale. Ainsi, le « coup monté » de l'élection à la présidence de l'UMP lui avait-t-il laissé un goût particulièrement amer. « Un dégoût profond, le sentiment d'avoir été volée », explique-t-elle.

Présente depuis le début, une cadre de la campagne [qui tient à rester anonyme du fait des enquêtes en cours] évoque aussi les nombreuses fois où Penelope Fillon serait venue lui proposer son aide. « Elle me disait :'Je veux aider', et on la voyait trier du courrier, aider à récolter les parrainages, participer à des groupes de travail. Parfois on recevait des mails où elle demandait des éléments de langage afin de répondre à des courriers. Elle a aidé pendant 5 ans ! »

Rapidement insérée dans l'équipe en charge des parrainages, Penelope Fillon passait dès lors de longues journées à trier les correspondances adressées à son époux, à synthétiser leur contenu et à y répondre. Régulièrement, elle prenait également part à des tractages ou à des actions dans diverses rues de Paris. « Elle aimait aller à la rencontre des habitants, parler et échanger avec eux pour mieux comprendre leurs préoccupations », ajoute  Danièle Deschamps, « Penelope était très souvent avec nous, elle aimait vraiment ça. Elle était un peu comme notre ange gardien! »

L'ambiance dans le grand bureau de style classique où s'affairaient la poignée de militants chargée du courrier, et leurs interactions avec Penelope Fillon étaient décrites comme conviviales et détendues. L'une des militantes brandit, avec une joie à peine dissimulée, l'une les nombreuses photos qu'elle a prise de Penelope Fillon au détour d'une fête d'anniversaire d'un autre militant.

Diverses anecdotes sur leur travail de l'ombre au QG suivraient très vite, les militants prenant soin de ne pas oublier un seul instant de leurs fous-rires ou leurs discussions. Au contraire, ils les racontent sans aucun filtre. « Elle déteste quand on francise son prénom dans les lettres en y mettant des accents, ça l'horripile vraiment », s'amuse par exemple Danièle Deschamps.

« Elle venait souvent prendre le pouls de manière globale et s'attardait auprès des uns et des autres. Quand on avait des doutes personnels, des petits coups de mou, elle prenait le temps de nous écouter et de nous réconforter. Elle avait toujours un mot gentil pour nous », explique Louis Betton, jeune militant qui était en charge des relations presse durant la campagne. « Un soir on avait un afterwork au café «Le Roussillon» avec Roselyne Bachelot. Penelope nous l'a présentée. On a pu rapidement discuter avec elle et apprendre pas mal de choses sur elle. C'était vraiment des moments incroyables pour nous autres les jeunes militants ! »
Louis Betton gardera d'ailleurs contact avec Penelope Fillon, et dînera plusieurs fois avec elle en compagnie d'autres 'jeunes vétérans' de la campagne. « La dernière fois c'était fin mai 2018 », confiera l'un d'entre eux.

« Penelope faisait partie du paysage, on la voyait souvent même si elle prenait soin d'être discrète. On sentait bien qu'elle avait un rôle de conseiller de l'ombre pour son époux ! », ajoute par ailleurs Antoine Aupetitalliot de Chemellier, qui a été membre du cabinet de François Fillon de 2014 à 2015.

« Le 10 octobre 2016, raconte Astrid Renoult, nous sommes allées avec des membres du comité 'MID Génération' à la rencontre des pensionnaires d'une maison de retraite avant le meeting de François à Versailles. Penelope voulait en effet mieux connaître le quotidien de ces personnes âgées, pour beaucoup dépendantes. Penelope Fillon a accepté de nous accompagner dans ce déplacement à la condition qu'aucun journaliste ni aucune caméra ne soient présents. Elle déteste être photographiée, c'est impressionnant ! Elle était là pour faire le job, soutenir les actions qui avaient du sens, et elle l'a toujours fait avec beaucoup de cœur et de discrétion, sans

46

jamais se mettre en avant. »

Le soir venu, Penelope Fillon invita la présidente de l'association « donner et recevoir » de la maison de retraite à s'asseoir à côté d'elle au premier rang du meeting de Versailles. Une façon de reconnaître la valeur de son travail et de la remercier de l'avoir accueillie durant l'après-midi. Une façon aussi de ne pas se retrouver seule, encadrée par un parterre de politiciens et d'élus. La présidente, ainsi mise à l'honneur avec subtilité, en a gardé un souvenir impérissable.

La plupart du temps, Penelope restait en arrière durant les meetings. Parfois même au dernier rang, en compagnie d'un de ses fils ou de sa fille Marie. Elle évitait soigneusement les journalistes, et sortait discrètement afin de rejoindre son époux dehors dans la voiture.

De son coté, François Fillon était au contraire extrêmement attentif à son image sur les réseaux sociaux. A la fois aux publications des journalistes et aux commentaires ou questions des internautes « ordinaires. » Militants, sympathisants ou adversaires. Il a ainsi finement su prendre en compte la dictature de l'apparence sur internet, comprit l'importance du 'buzz' et le poids nouveau des nouvelles technologies dans la création d'un inconscient collectif. Sans pour autant en tirer la substantifique moelle, au final.

Régulièrement, les militants au QG le voyaient ainsi littéralement accaparé par sa tablette tactile. Il passait énormément de temps à regarder ce qui se disait sur le net, à lire les réactions des internautes au sujet de tel ou tel événement, se souviennent encore certains militants. « Il actualisait très souvent son navigateur, on le voyait appuyer sans cesse dessus pour savoir ce qu'il se disait, et il nous demandait parfois de répondre aux tweets de tel ou tel internaute dont la phrase l'avait interpellé », confie pour sa part Louis Betton.

François Fillon était également très attentif aux publications des membres de ses propres équipes, tout en leur laissant une large marge d'autonomie. Le 21 octobre 2015, par exemple, le film « Retour vers le futur » était diffusé à la télévision. Du coup, le hashtag #backtothefuture caracolait cette soirée-là en 'top tweet.' Les équipes de la campagne numérique ont à cette occasion proposé de poster sur twitter la toute première affiche de campagne du candidat prenant la succession de Joël Le Theule. Il aurait alors réfléchi un quart de seconde, froncé un instant les sourcils, avant de finalement donner son feu vert pour poster le fameux tweet. « Il était assez ouvert en général quand on lui proposait des publications originales. »

Parfois le lundi, après un week-end au manoir de Beaucé, François Fillon allait montrer aux militants les photos qu'il a prises sur place. Une de ses grandes passions. Les forêts de la Sarthe, des photographies de ruisseaux, de vieilles bâtisses, des petits reportages improvisés ardemment commentés sur les villages et les champs de sa région. « Au tout début 2016, il nous a montrés les vidéos qu'il avait prises avec le fameux drone qu'il avait reçu pour Noël, vous savez celui qu'on voit dans l'émission de Karine Lemarchand », se souvient un cadre de la campagne. Il parlait également souvent avec les militants de ses séries télévisées fétiches, commentait notamment les derniers épisodes de « House of cards », ou évoquait ses films préférés. « Il adore vraiment les westerns », se souvient Louis Betton.

La veille du premier débat de la Primaire, il avait par ailleurs décidé de cuisiner pour sa famille, tout en mettant une série Netflix sur sa tablette. « Il a fait des meringues maison, nous a racontés un jour Penelope, et quand on a demandé si elles étaient bonnes, elle a timidement acquiescé de la tête ! »

Le soir du premier tour, en attendant l'annonce des résultats, il se serait de même enfermé dans son bureau et aurait tranquillement regardé la série « The Crown. » Sorte d'exutoire au tumulte ambiant.

« Pendant deux ans, on a tout fait pour essayer de m'éliminer de la direction de l'UMP, avec les méthodes que vous savez. Cette page est maintenant tournée. On est entré dans la construction d'une nouvelle force d'opposition, à la fois parce que les hommes responsables de l'UMP sont plus responsables et honnêtes que ceux qui les ont précédés », explique François Fillon le 11 février 2015 au micro d'Europe 1.

C'est pourtant en dehors de toutes les structures de l'UMP que les forces de François Fillon allaient se développer. Bien souvent, les cadres UMP/LR opposeront à ces comités fillonistes du mépris et de l'indifférence, voire des barrières. Le parti restait en effet encore fondamentalement sarkozyste, c'est à dire déterminé à soutenir un seul candidat bien précis.

François Fillon aurait dès lors à coeur d'innover.

## III. La «Société civile», une start-up électorale passée sous le radar journalistique

« Les médias ont été nuls, trop enclins à suivre les bien-pensants. On leur disait qu'il y avait 1200 personnes à nos meetings à partir de septembre, contre moins de 800 personnes pour Alain Juppé. Mais rien n'y faisait. Ils avaient choisi leurs candidats, Alain Juppé et Nicolas Sarkozy, et pensaient Juppé gagnant. Du coup, les journalistes refusaient la réalité », explique une cadre du pôle projet. De fait, la presse s'est assez peu faite l'écho de la mobilisation de la « société civile avec Fillon », et a préféré expliquer ensuite la victoire à la primaire par une supposée action en sous-main de l'allié Sens commun pour phagocyter le parti et impacter son destin. Une forme de complotisme à demi-mot, diraient d'aucuns, ou en tout cas une forte sous-estimation de la réelle capacité de mobilisation des réseaux fillonistes dont la « société civile » formait l'ossature militante.

### 1.    Un vaste maillage du territoire français par des comités thématiques

« François Fillon a eu beaucoup de chance d'avoir la Société Civile à ses côtés. S'en est-il bien rendu compte ? Pour la primaire sûrement, mais pour la présidentielle la question se pose! », se demande Muriel Reus, présidente du Mouvement « Femmes avec Fillon. »

Pendant citoyen aux groupes de réflexion sur le projet, la «société civile» avait pour vocation première de diffuser et de faire infuser au maximum les propositions de François Fillon au sein de l'opinion. Pierre Danon prendra plus tard en charge l'organisation des comités de soutien thématiques et les relations entre ces deux entités qui se superposaient largement. Ils échangeaient afin de s'enrichir mutuellement.
Cette structure permettait à la fois d'attirer et de fidéliser au sein des équipes de François Fillon des gens disposant d'un important réseau personnel et professionnel, et des citoyens désireux de s'impliquer dans un programme présidentiel.

En 2015, alors qu'elle rejoint l'équipe de campagne, Muriel Reus était à l'apogée de son engagement personnel. Femme volontaire autant que charismatique, élevée dans un bain familial corso-italo-catalan fait de « valeurs inversées, où la mère faisait figure d'autorité », elle venait d'enchaîner les succès. Après la création de sa propre entreprise de communication à l'âge de 22 ans, elle deviendra la protégée de Jacques Séguéla, puis présidente de Publicis Event aux côtés de Maurice Lévy. Elle participera ensuite à la création de la TNT en France et occupera le siège de Directrice-Générale adjointe de TPS, filiale de TF1 et de M6. Surtout, elle a toujours été éprise de liberté et de remises en question. A 40 ans, ayant eu le sentiment d'avoir fait le tour du monde de l'entreprise, elle se lance dans l'humanitaire aux côtés de Dominique Lapierre en Inde, puis participe à divers projets humanitaires. Quelques années plus tard, c'est en contemplant une France exsangue assoiffée de liberté qu'elle définit son prochain challenge. « Je sentais que le moment était venu pour moi de m'engager dans une dimension citoyenne », explique-t-elle, « la rencontre de cette volonté avec un homme capable de l'incarner allait donner sens à mon envie. »

Elle co-organiserait ainsi en octobre 2014, par une froide soirée typiquement londonienne, un événement fundrising en faveur de François Fillon à Kensington, en plein cœur du quartier 'branché' de Soho.

« Comme Premier ministre je n'en pensais pas grand-chose, j'avoue. Sarko était simplement omniprésent, on ne voyait que lui. Cependant, l'on sentait parfois de grandes divergences de vision entre les deux hommes. » La détermination de François Fillon au moment où Jean-Louis Borloo était évoqué pour prendre Matignon a cependant interpellé une Muriel Reus passionnée par la compréhension du comportement humain. « J'ai découvert une autre facette du personnage, une détermination, une volonté, une opiniâtreté rare. Tout cela a conforté mon intuition. » Après une fugace discussion en 2008 à l'occasion du Forum d'Avignon, que Muriel Reus organisait en qualité de présidente de l'agence Publicis event, cette détendue soirée londonienne était l'occasion rêvée pour échanger longuement avec l'ancien Premier ministre, désormais en campagne pour devenir le candidat du parti Les Républicains à la future présidentielle. « Ce soir-là, j'en ai surtout profité pour lui rappeler l'importance de mobiliser correctement l'électorat féminin, qui représente tout de même 53% de l'électorat français, et donc de se saisir pleinement des thématiques chères aux femmes », se souvient-elle.

« La question de savoir comment intégrer l'équipe de campagne s'était déjà posée, ajoute-t-elle. François Bouvard et Pierre Danon avaient d'abord pensé à la communication, mais ça n'était ni mon choix, ni mon désir. L'équipe était en effet déjà en partie constituée, et c'était bien le challenge politique qui m'enthousiasmait. Travailler sur et pour l'électorat féminin. J'ai partagé cette idée avec Isabelle Schmid et Nathalie Etzenbach, et nous sommes toutes les trois d'emblée tombées d'accord. C'est une nouvelle fois à Londres, quelques semaines après de premier dîner, que j'ai proposé à François Fillon la création d'un mouvement dédié aux Femmes. Il a spontanément dit oui, alors qu'on le disait souvent incapable de trancher ou de prendre une décision immédiate. Un autre aspect de sa personnalité surgissait, ça m'a séduite, et confortée. Cela m'a aussi donné l'énergie pour mener ce travail tout au long des années suivantes »

Commençait l'aventure des comités de la Société Civile avec François Fillon, dont les 'Femmes avec Fillon' constitueraient la première pierre. Le premier mouvement de mobilisation de femmes à prendre part à une campagne présidentielle française aux côtés d'un candidat. En novembre 2016, ce ne seront pas moins de 320 comités, situés aussi bien en France, qu'aux États Unis, au Liban, en Syrie, ou encore au Mexique, et un bataillon de près de 20'000 militants 'Femmes avec Fillon' actifs sur les réseaux sociaux, qui participeront au sprint de fin de la Primaire de la Droite et du Centre. « Des milliers de femmes se sont saisies de cette opportunité de faire entendre leurs voix, leurs attentes, leurs préoccupations au quotidien, mais il y avait aussi beaucoup d'hommes sensibles aux problématiques d'égalité, de parité, de monoparentalité, de lutte contre la violence ou de paupérisation des femmes », ajoute Muriel Reus.

Le mouvement publiera des chroniques, organisera des dîners débats, des avant-premières, des tweet cafés, des consultations. Des groupes de travail seront constitués autour de personnalités de premier plan, parlementaires ou élues. « Isabelle le Callennec, Annie Genevard, Sophie Primas, Isabelle Debré, Florence Portelli, Caroline Cayeux, Marie-José Zimmermann, Nicole Ameline, Véronique Louwagie ou encore Valérie Boyer, ont toujours répondues à toutes les initiatives de notre Mouvement. Elle ont toujours été là, présentes, attentives, bienveillantes et actives. »

En avril 2016, Astrid Renoult prenait contact avec Muriel Reus afin de participer à la structuration des Femmes avec Fillon. Journaliste de formation, éditorialiste de marque et fondatrice du réseau de femmes (Ladies Only !), elle explique vouloir «contribuer à porter la parole des femmes dans le débat politique. » La campagne à venir constituait dès lors une occasion de choix.

Astrid Renoult proposa rapidement à Muriel Reus de rédiger, sous sa supervision, le manifeste des « Femmes avec Fillon », puis de l'aider à consolider la structure du mouvement. Enfin, elle réalisa des portraits des membres du comité afin d'alimenter les divers supports de communication.

« De Lille à Dijon, en passant par Lyon et Marseille, nous avons ensemble parcouru la France pour aller à la rencontre des femmes. Penelope a été formidable de disponibilité, de gentillesse, d'attention », se souvient Muriel Reus. Penelope se serait à cette occasion découvert l'envie de parler davantage en public, d'argumenter et de s'investir dans la campagne.

Aux «femmes avec Fillon» succéderaient rapidement en 2016 un mouvement porté par des chefs d'entreprise. L'aura pro-business de François Fillon s'en trouvera d'autant renforcée.

En novembre 2014 déjà, Loïc Leprince-Ringuet prenait part à une réunion dans une petite salle de réunion de l'Assemblée nationale en compagnie d'une dizaine d'autres entrepreneurs. En face d'eux, François Fillon multipliait les prises de notes sur son cahier. De temps en temps, il baissait la tête et ajoutait quelques lignes à sa feuille, avant de la relever afin d'écouter à nouveau les intervenants du groupe thématique en charge du programme économique de la campagne. Il écoutait beaucoup, et répondait assez peu. « C'était un peu frustrant parfois quand même », avoue l'un d'entre eux.

Loïc Leprince-Ringuet, qui soutenait déjà François Fillon en 2012, avait repris contact dès le début de l'année 2014 avec Pierre Danon et François Bouvard afin de proposer son expertise économique aux équipes Fillon. Dirigeant de Small Business France, il s'emploie en effet au quotidien à accompagner les PME désireuses de s'insérer dans les marchés publics. En première ligne pour répondre aux besoins et griefs des chefs d'entreprise français.

Loïc Leprince-Ringuet a notamment eu la chance d'accompagner François Fillon, en janvier 2016, à la  dédicace de son livre « Faire » organisée par la librairie Decitre de Lyon. Puis, il l'avait accompagné à une conférence plus particulièrement destinée entrepreneurs lyonnais, devant lesquels l'ancien premier ministre s'employait à développer les grandes lignes de son programme en faveur du développement des PME. « Beaucoup d'entrepreneurs l'ont questionné à cette occasion sur le  thème de la compétitivité, c'était l'une de leurs préoccupations. Ils avaient besoin qu'on leur donne un peu d'air pour respirer. Le mot 'liberté' était omniprésent au gré de leurs questions ! » Des auto-entrepreneurs, des artisans ou des dirigeants de TPE/PME se sont ainsi succédé au micro durant près de deux heures, sollicitant l'ancien premier ministre. En mai 2016, un autre meeting davantage axé sur l'emploi rassembla près de 1000 personnes à Issy Les Moulineaux.

Viviane Chaine-Ribeiro, Karine Charbonnier, Hervé Novelli et Philippe Ayet ont rejoint entre temps l'équipe et les comités de soutien locaux. Dès lors, Loïc Leprince-Ringuet, à l'instar de beaucoup d'autres militants de la première heure,  se retrouvait paré de trois casquettes. A son rôle de responsable des comités de soutien à Levallois Perret, s'adjoignait celui de Responsable des comités entrepreneurs des Hauts de Seine, et celui de cofondateur des comités entrepreneurs avec Fillon.

« Je me suis rendu à Lyon ou à Dijon, dans la Sarthe avec Louis-Jean de Nicolaÿ, en Bourgogne,

à Toulon avec Valérie Boyer, c'était épuisant mais au fil des mois on sentait quelques chose monter chez les entrepreneurs français. On a fait une centaine de meetings, mais ils n'ont jamais été couverts par BFM et LCI. On était peu visibles du grand public. »
Ainsi, en juin 2016 Patrick Balkany s'amusait à lui lancer à la sortie d'un conseil municipal : « Loïc, tu as encore choisi le mauvais cheval ! »

En parallèle, afin de cibler la problématique spécifique des retraités, Pierre Danon proposa à Danièle Deschamps de créer un comité thématique ayant trait aux séniors. « Pierre m'avait d'abord demandé de m'occuper des comités 'les retraités avec Fillon', précise-t-elle, mais j'ai tout d'abord eu une réaction assez négative en traduisant le mot 'retraité' par 'vieux'. C'est un mot que je supporte mal. Je considère qu'aujourd'hui, quand on atteint 65 ans, on n'est pas en fin de vie. On a au contraire encore toute une partie de sa vie devant soi. M'étant rendu compte que pour les organismes officiels on est senior à partir de 50 ans, j'ai accepté la proposition. »

Faisant immédiatement appel à Astrid Renoult, avec qui elle partage des affinités de caractère et qui venait de quitter le groupe de Muriel Reus, et après diverses réflexions, les deux femmes décidèrent de nommer le comité «MID Génération avec Fillon », 'mid' faisant écho à 'middle' : le milieu de la vie. »

« Comme nous nous adressions au plus de 50 ans et que personne aujourd'hui à 50 ans ne se sent, ni ne se reconnaît, dans le mot « senior », nous avons choisi cette manière très anglo-saxonne de définir les membres de notre communauté. Le champ sémantique choisi pour la MID Génération a vite été adopté. On s'appelait les « MID ». C'était court, pratique et quand même mieux que les 'vieux' », s'amuse Astrid Renoult.

Les 'Mid' vont rapidement s'atteler à réactiver tous leurs différents réseaux et à contacter les personnes actives dans les listings de militants de Force Républicaine, afin de constituer la colonne vertébrale de leurs comités. Danièle Deschamps, en particulier, déploya une importante énergie afin de consolider son équipe. Tablette, PC portable et smartphone toujours devant elle sur son bureau, cette dynamique ancienne directrice de la communication excelle en effet dans le maniement des nouvelles technologies et fait preuve d'une impressionnante réactivité. Directe et efficace, empathique autant que discrète, elle assurera à Mid Génération une croissance rapide. « François Hollande aurait de quoi être jaloux de notre succès », ajoute-t-elle avec un petit sourire malicieux en coin, et ses yeux soudain ailleurs!

A l'occasion de la rentrée politique de François Fillon, le 28 août 2016 à Sablé-sur-Sarthe, le comité MID Génération avec Fillon fut lancé officiellement. Sur le stand 'Mid Generation', Penelope Fillon, la marraine du comité, et Sylvain Lyndon, son parrain, rencontraient tous ceux avec qui ils avaient si souvent échangé auparavant par internet ou par téléphone.

« On utilisait beaucoup les réseaux sociaux. Régulièrement, nous faisions des tweet-apéros afin de former nos militants au bon usage de tweeter et des réseaux sociaux en général. Le 23 novembre 2016, par exemple, nous avons même organisé un événement 'Facebook Live' avec tous les comités 'MID Génération' à travers la France afin de coordonner toutes nos actions et, surtout, pour que tout un chacun prenne bien conscience de l'ampleur de nos forces vives. »

A la demande de Danièle Deschamps, Astrid Renoult se chargea ensuite de définir l'identité de marque du réseau et son positionnement, tandis Louis Betton mettait en oeuvre une stratégie digitale afin de les diffuser auprès des médias et des militants. Danièle Deschamps, au titre de responsable du comité, se chargeait tout particulièrement de mobiliser les adhérents. « Sur son bureau, elle a toujours devant elle ses smartphones, ses tablettes et son ordinateur. Danièle est hyper-réactive et passionnée des nouvelles technologies. Elle postait sans cesse de nouveaux visuels sur son compte tweeter pour que les militants les relaient », se souvient Louis Betton. Danièle Deschamps n'hésitait pas non plus à solliciter par téléphone des 'influenceurs' qu'elle avait détectés au sein des équipes numériques fillonistes afin de coordonner la diffusion des informations.

 Se voulant trans-générationnel afin d'aborder les sujets complexes ayant trait à la vieillesse, « MID Génération » intégrait aussi bien les enjeux économiques liés à la « Silver economy » et la transmission patrimoniale, que le coût de la dépendance, ou les progrès de la médecine. Ainsi, Dominique Stoppa-Lyonnet, directrice du service de génétique de l'Institut Curie et suppléante de François Fillon aux législatives, s'était chargée d'animer une rencontre sur la maladie d'Alzheimer. Hervé Novelli, qui fut le promoteur du statut d'auto-entrepreneur, évoquait quant à lui avec les « Mid » les différents thèmes en lien avec l'emploi des seniors. « Nous n'étions pas du tout éloigné des classes populaires, comme Stefanini et d'autres ont pu le dire ! », insiste longuement Astrid Renoult.  on prenait au contraire en compte tous les enjeux et on collait à eux. » « Je ne comprends pas que l'on ait pu nous reprocher cela.  Au contraire on travaillait sur un programme qui remontait du bas vers le haut, en prenant en compte les véritables problématiques et enjeux de chacun. »

Un hasard mènera d'ailleurs l'une des cadres de MID Génération, Marie-Laure Saillard, à discuter avec un restaurateur situé en face de Matignon. Il s'agissait de Sylvain Lindon, le fameux homme de gauche, « humaniste », et frère de Vincent Lindon. Sylvain Lindon se plaît cependant à raconter qu'il s'est réellement « entiché de François Fillon. » Ardent pourfendeur des 35 heures, il avait notamment publié une tribune aussi transgressive que remarquée dans Libé à ce sujet. Regrettant la dégradation du rapport des Français au travail, il espérait de longue date soutenir un candidat qui ferait du travail la pierre angulaire de son programme. « Le programme de François Fillon était réellement social. J'ai compris qu'un véritable programme de droite est beaucoup plus social qu'un programme de gauche, car il vise à donner du travail aux Français ! C'est par le travail qu'ils pourront enfin s'épanouir et être fiers de ce qu'ils ont accompli. » Marie-Laure Saillard ayant présenté Sylvain Lindon à Danièle Deschamps, cette dernière s'empressa d'organiser un déjeuner avec Penelope Fillon qui servit de relais vers François Fillon. Les deux hommes sont ensuite devenus assez proches « François vient souvent manger le midi dans mon restaurant, et parfois on dîne avec nos épouses et des amis. » Rapidement, Sylvain Lindon devenait, en compagnie de Penelope Fillon, l'un des deux parrains des comités de soutien 'MID Génération avec Fillon.' « Du coup, il nous apportait régulièrement des pizzas encore chaudes à la fin de nos réunions que l'on mangeait à la bonne franquette sous le préau », se plaît à rappeler Danièle Deschamps.

En mai 2015, le Conseil National de la Société Civile se réunissait dans un amphithéâtre au sous-sol des bureaux de l'Assemblée, au 101 rue de l'Université, sous la direction de Jérôme Chartier. Il était convenu qu'il se tiendrait désormais de la sorte une fois par trimestre, afin de permettre aux cadres d'avoir une vision plus globale de son évolution et de coordonner les différents comités, tout en augmentant l'émulation intellectuelle entre militants.
Après un discours d'introduction et un énoncé d'ensemble des thèmes qui seront débattus ce jour-là, les différents concepteurs du programme prenaient le temps de débattre de leurs propositions avec François Fillon et Jérôme Chartier, tout en leur posant leurs questions pour la suite de la campagne.

Le nombre de participants s'accroissait fortement de trimestre en trimestre, et le temps semblait venu d'intensifier la campagne.

Ainsi, en août 2015, Yves d'Amécourt contactait son ami François Fillon afin de lui faire part de son envie de collaborer à la conception du programme au sujet de l'agriculture française. Il est en effet viticulteur, et ne manque pas une occasion d'évoquer le profond clivage qui scinde la France en deux. « C'est la vieille histoire du rat des villes et du rat des champs. Les bobo sont enfermés dans un monde artificialisé en béton, avec de la nourriture artificielle, des rythmes biologiques artificiels, des paysages artificiels. Du coup, les ruraux, avec leur bon sens paysan et leur respect des cycles et éléments naturels, ne se reconnaissent plus dans les discours trop moralisateurs des 'Parisiens' à leur égard», estime-t-il.
Il rejoindra ainsi le groupe de travail « agriculture » initialement créé par Xavier Regnaut. « Nous avons formé un 'duo de choc' avec Xavier, parcourant la France l'un et l'autre pour expliquer le projet présidentiel 'pour une agriculture forte et conquérante' de François Fillon », ajoute Yves d'Amécourt.

# Les «radicalisés», chronique d'une lapidation politico-médiatique

Assisté par un petit groupe de 7 à 8 personnes, constitué de hauts-fonctionnaires, de parlementaires, d'agriculteurs, de membres de la société civile et de spécialistes à la fois, il mettra sur pied un certain nombre de pistes pour revaloriser et redynamiser l'agriculture française. Il enchaînera ainsi jusqu'à l'été 2016 les conférences téléphoniques, les échanges de mails, les réunions et les auditions d'agriculteurs. Béatrice Martineau se chargeait ensuite de hiérarchiser et de mettre en forme toutes les propositions du groupe de travail.

Les réunions organisées en parallèle par les « Agriculteurs avec Fillon » prenaient des formes assez bucoliques.  Afin de se préserver de toute ingérence administrative ou politicienne, technocratiques, les rencontres 'des agriculteurs avec Fillon' se tenaient dans des fermes ou des granges. Un diaporama powerpoint projeté au mur répondait à des fagots de bois en guise de chaises. Entre 15 et 100 personnes faisaient à chaque fois le déplacement. Cependant, « nous étions invisibles pour les médias, jamais une seule caméra ou même un seul journaliste de PQR (presse quotidienne régionale, ndla.) ne faisait le déplacement », précise Yves d'Amécourt. Amer.

« Nous étions toujours très bien accueillis, ajoute-t-il. Le programme a été conçu avec, et pour, les agriculteurs. Il répondait de ce fait à des revendications qu'ils avaient depuis longtemps. Les autres candidats ne proposaient au contraire que du réchauffé. »

Les leaders syndicaux, les voisins, les amis, les collègues ou autres curieux étaient aussi bien conviés à des dégustations de produits locaux qu'à des tables rondes organisées dans des étables. Entourés de vaches et d'abreuvoirs. « Tout ça c'était du concret, par des rendez-vous ronflants qui ne débouchent sur rien, alors ça plaisait aux agriculteurs ! »

Les rendez-vous s'enchaînaient dès lors à une allure impressionnante. Entre le 1er septembre 2016 et le premier tour de l'élection présidentielle, Yves d'Amécourt ne fit rien de moins que 80'000km en voiture à la rencontre des agriculteurs et des citoyens de la France rurale ! Une campagne au contact des gens, faite de bric et de broc, de bonnes volontés et d'improvisations réussies. « C'est nous la véritable start-up nation », conclura un militant.

## 2.   Le binôme politique-citoyen, une force de frappe originale sur le terrain

« C'était  bien votre discours, mais vous avez oublié de parler des loups », lança ce soir-là un vieil homme en direction de Muriel Reus et Jean-François Lamour. Le député, et fondatrice des 'Femmes avec Fillon', s'étaient alors rendus  dans une bourgade de la région Centre, afin d'y tenir un meeting en binôme. « Dans ces meetings, on parlait beaucoup des grandes lignes du programme, alors que les gens voulaient surtout qu'on traite de problématiques très spécifiques qui les touchent au quotidien. C'est à partir de cette somme de petits exemples que j'ai mieux cerné le décalage subtil entre le discours politique et les attentes réelles des citoyens. C'est quelque chose qu'on gardera ensuite en tête », explique Muriel Reus.

Ces binômes originaux, alliant sur scène à la fois un homme politique « d'expérience » et un professionnel issu directement de la « société civile », est une conception originale de la politique mise en œuvre durant la campagne de la Primaire. Gérés par le pôle projet, développés dès 2015 par François Bouvard, leur idée maîtresse était de permettre à la fois un roulement plus important entre les équipes de porte-paroles, -en pleine structuration mais encore peu nombreuses-, de maintenir une émulation forte en permettant aux différents participants à la campagne à mieux se connaître entre eux, et de s'assurer que ces derniers ne se sentiraient pas esseulés durant cette  relative traversée du désert qui marquera la campagne jusqu'au second tiers de l'année 2016.

Cette force de frappe duale devait aussi permettre de faciliter l'indispensable travail de pédagogie autour du complexe programme de François Fillon. Alors que l'élu garantissait la solidité de la base juridique de l'argumentaire déployé tout au long des réunions publiques, et s'emparait des sujets régaliens, le porte-parole issu de la 'Société Civile avec Fillon' réagissait plus spécifiquement aux problématiques quotidiennes des citoyens, sur la base de ses propres expériences, compétences et ressentis. Loin des exhibitions d'égo auxquelles les citoyens sont trop souvent habitués de la part des « barons », cet exercice d'équilibriste permettait aux citoyens de se sentir davantage concernés et pris en compte par les orateurs.

Les responsables locaux de la société civile se sont rapidement pris au jeu. Fiers de pouvoir défendre leurs idéaux, ils appréciaient également d'avoir, pour une fois, droit au chapitre. Cette reconnaissance de leur participation au travail politique expliquera en partie leur implication forte tout au long de la campagne de la Primaire, et leur retour au premier plan de la campagne après le 3 mars 2017. Après le désengagement de fait des militants « professionnels » durant la campagne présidentielle de 2017.

Se faisant fi de leur statut de « petites mains », certains déploieraient ainsi une impressionnante énergie afin de contribuer à la campagne.

En octobre 2016, par exemple, Grégory Fouglé, conseiller municipal de Saint-Brévin-Les-Pins, avait-il lancé à ses militants un défi : faire venir le député Jérôme Chartier dans sa petite ville. « C'était un sacré challenge. Si on fait venir quelqu'un d'aussi important, c'est pas pour qu'il se retrouve en face de 20 personnes », explique-t-il, fier. Dans la 9e circonscription de Loire-Atlantique, fort de 50 militants locaux (un gros contingent à l'aune de beaucoup d'autres comités locaux fillonistes), il a multiplié les envois de mails à tout son réseau personnel, professionnel et familial, multiplié les échanges téléphoniques, accumulé les actions de tractage sur les marchés, ainsi que les tournées de boitages. « On avait beaucoup de militants chez nous, alors j'avais organisé un groupe pour aller très régulièrement coller des affiches, alors que d'autres allaient déposer des flyers dans les boites aux lettres et tracter dans les communes plus éloignées ! »

Les binômes multipliaient de fait la parole sur le terrain et permettaient aux idées de François Fillon de germer au sein de territoires ruraux qui n'avaient bien souvent plus été concernés par des meetings à visée nationale depuis fort longtemps. Ces rassemblements locaux étaient en outre bien souvent relayés par la presse quotidienne régionale, ne serait-ce que par une courte mention et une photographie, et justifiaient l'affichage de panonceaux aux abords des salles municipales. Le nom de François Fillon s'insérait habilement dans la vie associative du village ou du bourg, ce qui est non-négligeable dans certaines zones rurales se sentant délaissées par les « élus bobo parisiens. »

Les questions à François Fillon n'étaient pas filtrées, «afin de respecter les auditeurs» confie Louis

Betton, et ces derniers étaient au contact direct du candidat. Une proximité assez appréciée, notamment dans des zones rurales qui voyaient rarement passer des représentants politiques de premier plan.

Cependant, cette somme de plusieurs centaines de petits événements à travers le pays n'intéressait pas les médias nationaux. De fait, ce travail de fourmi destiné à maximiser la mobilisation des électeurs en faveur de François Fillon est passé assez inaperçu. En comparaison, un déballage médiatique faisait suite à chaque déclaration ou déplacement, ou bourde, des barons du parti. Les sarkozystes en tête d'affiche.

Dans le Bordelais en particulier, le décalage entre affirmations journalistiques et réalité du travail des fillonites sur le terrain  était sans équivoque.

De fait, les nombreux militants d'Alain Juppé n'ont quasiment pas fait campagne dans le bastion historique du « bonze de Bordeaux », partant gagnants d'avance et n'estimant rencontrer en face d'eux que les gesticulations de militants dépassés. Les fillonistes, au contraire, se démultipliaient afin de couvrir tout le territoire. La montée en puissance était indéniable.

Les éléments de langage désormais élaborés par Myriam Lévy, ancienne journaliste et conseillère en communication à Matignon, étaient de plus en plus ciblés et efficaces. La stratégie, quant à elle, a été redéfinie par Anne Méaux, présidente de l'agence de communication Image 7. « Je viens sérieusement casser la baraque », lançait François Fillon dès avril 2016 sur leurs conseils. Gestuelle davantage ouverte, déclarations plus directes  et plus tranchantes, costumes moins stricts, l'image du candidat a été largement remodelée afin d'aborder les six derniers mois de campagne. La chute des inventions de vote en faveur de François Fillon à 8 %  incita ce dernier à réagir. « Tu as un excellent programme, mais personne ne le sait », « tu ne te démarques pas assez », lui répétaient en boucle ses amis. Dont acte.

Peu à peu, les photographies relayant les actions des fillonistes et les interventions de François Fillon inondèrent les réseaux sociaux. Sans cravate et grand sourire sur les unes, montrant une foule de soutiens et dynamiques pour les autres. L'ambiance davantage bon-enfant et détendue qu'elles dégageaient, renforçaient d'autant les rangs de l'armée numérique et des comités de soutien. A grand renfort de bandes musicales énergiques et de réflexions sur la scénographie, plaçant davantage de jeunes au premier rang et sur la scène, évoquant davantage sa passion pour le sport automobile, le personnage politique de François Fillon se «renouvelait» peu à peu.

Un cercle vertueux s'engageait, qui ne cesserait avant la fin du second tour de la Primaire. De larges distributions de t-shirts et livrets aux équipes de terrain, des badges, des distributions

du livre « Faire », des rencontres et des webinaires, émaillaient le quotidien des militants. « Mes deux enfants, de 12 et 16 ans, ont porté des t-shirts Fillon quand on allait se balader le dimanche, et ils ont même demandé à tous leurs copains de faire pareil et de distribuer à leurs familles des tracts. Ils voulaient faire campagne comme des grands, 'avec papa' », se souvient Bruno Dumonteil. La voix soudain ralentie. Déployant un large sourire.
« Une belle campagne ! »

Le 9 juin 2016, François Fillon se rendait pour la première fois dans le fief juppéiste. A Langon. Au QG, tout le monde craignait de « faire un bide » face à Alain Juppé. L'enjeu était en effet de taille. Une salle fut ainsi réservée, et agencée afin d'accueillir 200 personnes tout en anticipant un plan B en cas de faible participation. Au final, ce sont plus de 400 curieux et sympathisants filloniste qui vinrent écouter « M. 2 % » ce soir-là. « Mr Nobody a étonné tout le monde, et on a commencé à sentir de manière encore plus intense les nombreuses pressions que les juppéistes exerçaient sur nos équipes », se souvient Bruno Dumonteil. La presse, à l'exception de quelques journalistes de PQR et de correspondants locaux, n'avait pas fait le déplacement.

« On a fait cette campagne au moins pour le plaisir de porter la voix de cette majorité silencieuse qui n'intéresse plus les politiciens et les journalistes, devenus trop 'parisiens.' »

### 3.    L'apogée de Force Républicaine

Le 7 juin 2016, une grande réunion entre militants fillonistes à Boulogne-Billancourt leur permit enfin de prendre conscience de leur force. « On nous expliquait les bonnes astuces pour faire campagne, on échangeait entre nous des idées et les bonnes pratiques à adopter, on nous a appris à bien tenir compte du maillage territorial. La campagne entrait enfin dans une nouvelle phase ! », se souvient Bruno Dumonteil. De même, François Fillon y a exposé sa stratégie web, destinée à pallier le relatif manque de militants actifs sur le terrain. Une véritable armée numérique était en effet en cours de constitution, les équipes de Gauthier Guignard et des comités thématiques contactant systématiquement les personnes actives sur les réseaux sociaux afin de les « embaucher. » De manière très militaire et structurée, François Fillon agençait ses divisions. « Mieux vaut peu nombreux et très déterminés, que très nombreux et attentistes », se plaisait-il à répéter ce jour-là. Un petit clin d'œil sans doute en filigrane à 'l'armée mexicaine' d'Alain Juppé.

Le QG commençait enfin à constituer une cartographie précise de ses forces. Pouvant s'appuyer sur une liste de 15 à 20 parlementaires et d'une quinzaine de personnalités issues de la société civile, Marguerite Hedde s'employait à planifier au mieux les actions sur le terrain. Fraîchement diplômée d'école de commerce, ce sont les équipes d'Image 7, où elle avait postulé, qui lui suggérèrent en 2015 de rejoindre les équipes de campagne. Elle fut quelques jours plus tard « recrutée » par Pierre Danon. « Je cherchais une expérience concrète où je pourrais apprendre beaucoup avant d'arriver à Image 7», explique la jeune femme. Ainsi, il lui fut confié très tôt un certain nombre de responsabilités auxquelles elle n'aurait pu seulement rêver quelques mois auparavant. De manière très autonome, elle préparait ainsi des éléments de langage pour les intervenants, coordonnait les meetings, proposait des événements, compilait les demandes et remarques provenant des comités locaux, ou contactait sans relâche les militants actifs afin de combler les « déserts » en réalisant des réunions informelles ou des rencontres de salon. Tout était propice à faire vivre la campagne. Tous les débuts de semaine, une réunion au QG était destinée à coordonner les grands déplacements et les orientations de la campagne à court terme. Faire tout simplement le point, aussi. « Notre rôle était de donner de la cadence. Il en fallait beaucoup, tout comme il fallait trouver beaucoup de monde sur le terrain pour pouvoir remplir les salles. On leur disait : 'Gérard Longuet arrive tel jour, essayez de trouver x personnes pour organiser le meeting et de mobiliser du monde pour remplir telle salle.' »

Les militants fillonistes prenaient aussi soin de noter les coordonnées des participants aux différents meetings et réunions, afin de disposer d'un gigantesque listing de campagne. « On avait beaucoup de mal à obtenir les fichiers adhérents des Républicains dans certaines fédérations, alors il fallait pouvoir assurer le coup par nos propres moyens ! », continue la jeune femme.

Sur le terrain, l'émulation collective faisait loi. Les militants coordonnaient désormais leurs actions sur le terrain à l'aide des algorithmes du logiciel FederaVox, se contactaient rapidement grâce à Nation Builder, obtenaient de plus en plus facilement des tracts et des affiches, désormais disponibles en grand nombre, tandis que les réunions des porte-paroles s'enchaînaient avec la régularité d'une mécanique suisse.

Des courriers seront envoyés à tous les maires de France dans les dernières semaines afin de leur présenter les grandes lignes du programme de François Fillon et de réveiller chez certains d'entre eux leur ardeur fillloniste passée. Un long travail sur la crédibilité du personnage et sa potentialité à être le candidat de la droite et du centre à la présidentielle a été mené. Des rendez-vous avec les élus, des coups de téléphone et des envois massifs de courriels ponctueront également la fin de campagne.
Ceux qui votaient Alain Juppé par anti-sarkozysme étaient particulièrement visés, au nom du « le vote utile c'est l'alternance, et l'alternance c'est moi ! » qu'avait prononcé François Fillon le 18 avril au micro d'Europe 1.

Le journal de campagne fera également l'objet de retours très positifs de la part des militants arpentant le terrain. Jugé clair, précis, explicite, assez complet et se présentant dans un format bien connu des amateurs de cafés au petit déjeuner, il tranchait d'avec les flyers au ton racoleur surchargés de photographies tape-à-l'œil. Le journal de campagne était à la base une idée de Patrick Stefanini. Il a été distribué de manière militante et somme toute assez artisanale, en raison des faibles moyens financiers des équipes Fillon, qui ne leur auraient pas permis de les faire délivrer par la poste. « Stefanini est un orfèvre, il a connu toutes les techniques du passé et a su intégrer les nouvelles ! », explique à ce sujet une cadre de la campagne.

Par ailleurs, la très bonne prestation de François Fillon au moment des débats télévisés allait rapidement dynamiser à nouveau les militants. Dans les derniers mois de la Primaire, les équipes de militants du Nord enregistrèrent ainsi plus de trois nouveaux ralliements par semaine, puis un à deux nouveaux ralliements par jour dans la dernière ligne droite. Au meeting de Lille, l'avant dernier avant le premier tour de la Primaire, des spectateurs avaient été contraints de s'asseoir sur les escaliers et de patienter à la fois dans les couloirs et les fosses afin d'écouter l'orateur. A l'inverse, quelques jours plus tard, des « observateurs » fillonistes ont rapporté que les juppéistes avaient été contraints d'organiser un risible ballet de porteurs de chaises à proximité des caméras à leur propre meeting lillois, afin de masquer les vides dans les rangs du public. L'anecdote alimenterait les discussions fillonistes, - les fous rires surtout, au cours des jours suivants. Des semaines durant, les juppéistes locaux les avaient dénigrés, pris de haut, infantilisés et influencés grossièrement en vue 'du second tour.' La revanche était donc particulièrement savoureuse pour les fillonistes. Et pourtant, les pronostics des journalistes n'évoluèrent pas fondamentalement, en contradiction avec tous ces retours et ressentis de terrain. Les sondages de l'entreprise Filteris, basés sur les réseaux sociaux, marquaient également une remontée de François Fillon dans l'opinion. L'armée digitale de Force Républicaine ne devait pas être fondamentalement étrangère à cette sur-représentation 'numérique.'

Fin juillet 2016, François Fillon arpentait les sentiers de la Rhune. En plein cœur du pays Basque. Autour de lui, une dizaine de militants et une quinzaine de journalistes lui emboîtaient le pas. Au terme d'une montée assez technique et fatiguante, le sommet se rapprochait soudain davantage de minute en minute. Un rayon de soleil les y accueillerait. Fugace.

## 4.    Le mouvement 'Sens commun' rejoint l'aventure

Courant 2015, Pierre Danon décidait de nommer Guillaume Renondin à la tête du groupe de réflexion thématique traitant du sujet de la Famille. Il y côtoierait notamment, Hervé Rigolot et Béatrice Martineau. En juin 2016, manquant d'orateurs fiables, Patrick Stefanini décidait de proposer la fonction de Porte-Parole de François Fillon à Guillaume Renondin. Cette décision du directeur de campagne pourrait s'expliquer à la fois par sa participation aux réflexions autour de cette thématique durant la conception du programme, et par une possible volonté de ne pas prêter inutilement le flanc à des attaques médiatiques autour d'un sujet aussi sensible. « J'ai toujours affirmé ma dimension libérale, et n'étais pas particulièrement dérangé par le mariage homosexuel. J'aurais préféré que ça prenne un autre nom que 'mariage', mais de toute façon je considère que l'objectif d'une politique est avant tout de permettre aux citoyens d'être heureux. Donc si deux hommes s'aiment et s'ils peuvent être heureux ensemble, je n'ai rien à y redire », explique-t-il.

Alors que Sens commun, groupe politique considéré par les médias comme étant le pendant politique de la 'Manif' pour Tous', choisissait de soutenir François Fillon, la nomination de Guillaume Renondin prenait au fond tout son sens. Il n'aurait cependant pas ressenti une quelconque volonté de 'Sens commun' de noyauter les groupes de soutiens « Famille avec Fillon » durant la campagne, et ce alors même qu'ils y étaient numériquement, -et « logiquement » -, assez représentés.

« Ils avaient souvent des approches différentes de certains sujets, mais faisaient généralement des remarques pertinentes ! », se souvient Guillaume Renondin.

Sens commun avait commencé son travail de comparaison des différents projets des candidats à la Primaire à partir de mai 2016. Sébastien Pilard, l'ancien président de Sens Commun, avait par ailleurs déjà eu la possibilité de rencontrer François Fillon en novembre 2015 à son bureau, en face des Invalides. Pourtant, le président de Sens Commun serait arrivé sur place assez nonchalamment, avec 35 minutes de retard, et se serait permis à plusieurs reprises de couper de façon assez cavalière l'ancien Premier ministre. N'ayant, de plus, pas lu le livre de ce dernier, Sébastien Pilard aurait à cette occasion été incapable de sortir des discours généraux ou aurait posé des questions floues dont la réponse s'y trouvait écrite noir sur blanc, ce qui déplut fortement à François Fillon. Des échanges avec Arnaud de Montlaur permirent cependant de garder la porte entre- ouverte en 2015 et 2016. En parallèle, des échanges avec Arnaud Leclerc, élu régional d'Île-de-France et proche de Patrick Stefanini, contribuaient à la stratégie de Sens commun qui consistait avant tout à infuser leurs idées au sein des équipes des différents candidats à la Primaire.

Une seconde rencontre, organisée en juin 2016, permit au nouveau président de Sens Commun, Christophe Billan, accompagné par Marc Le Roi et Madeleine de Jessey, de laisser une meilleure impression de leur mouvement au candidat à la Primaire de la Droite et du Centre. « François Fillon avait lu notre socle programmatique et était capable d'en discuter avec nous aisément. En parallèle, son programme était déjà bien avancé et sa vision globale bien cohérente nous a marqués », explique Madeleine de Jessey. Une semaine avant la rencontre des cadres de Sens commun avec François Fillon, c'est Henri Guaino qui fut auditionné par les équipes du mouvement politique né de la Manif pour Tous. Et c'est précisément cette rencontre qui semble avoir fait pencher la balance. « Henri Guaino était très proche de notre vision. Cependant, il n'avait pas de programme, pas de site, pas d'équipes de campagne. Il y avait un très fort contraste entre les deux hommes, alors que François Fillon nous est apparu très présidentiable. L'idée d'un ralliement à Fillon est apparue à ce moment-là ! » Jusque-là, les équipes du mouvement hésitaient en effet encore entre un ralliement total sous la bannière d'un candidat bien précis, ou une posture qui consisterait à ne pas prendre parti afin de « laisser la liberté aux adhérents de choisir par eux-mêmes. »

Pourtant, les grandes manœuvres politiciennes ayant pour objectif de rallier les cohortes de militants de Sens commun, aguerris par trois ans d'opposition au mariage pour tous, endurcis par le gazage de leurs familles et l'acharnement des médias à leur encontre, avaient commencé longtemps avant. « J'avais croisé Laurent Wauquiez courant 2017, et il m'a demandé qu'est-ce qu'on avait fait à Sarkozy ! 'Il vous déteste', m'a-t-il dit à cette occasion ! »

Alors que Nicolas Sarkozy offrait des investitures aux élections régionales à Sébastien Pilard et à Anne Lorne, ce même Nicolas Sarkozy aurait été outré par la neutralité de Sens commun. « Il pensait qu'il nous achèterait », s'exclame Madeleine de Jessey. Sébastien Pilard, sous influence, a en effet été peu après écarté de la présidence de Sens commun au profit de Christophe Billan. Nicolas Sarkozy aurait dès lors essayé de diviser Sens Commun, mettant en scène le ralliement de Sébastien Pilard afin d'attirer à lui les militants de ce mouvement. « J'ai été personnellement accablée par ce coup bas », se souvient Madeleine de Jessey, qui n'hésite pas à évoquer sa relative naïveté à cette époque.

A partir de janvier 2016, Nicolas Sarkozy fera marche arrière dans son livre sur la question du mariage homosexuel. Il refusera ensuite tous les rendez-vous que Sens commun sollicitera auprès de lui en vue de la Primaire. « C'est un petit caïd rancunier », avance Madeleine de Jessey afin d'expliquer l'attitude méprisante de l'ancien président à son égard.

En parallèle, les équipes d'Alain Juppé auraient beaucoup courtisé le mouvement Sens commun tout au long de l'année 2016. Hervé Gaymard a ainsi repris contact en juin 2016 en vue d'organiser une rencontre. Une seconde entrevue entre les Premiers cercles s'est ainsi tenue dès septembre 2016, en présence cette fois de Maël de Calan.

« Alain Juppé a beaucoup parlé de bioéthique, d'enjeux de société. Il n'a pas manqué de souligner : 'nous sommes extrêmement proches en fait sur le fond de nos idées' et a suggéré sans l'évoquer un ralliement de Sens commun au second tour contre Nicolas Sarkozy », se rappelle Madeleine de Jessey. Les équipes d'Alain Juppé et de Sens Commun ont ainsi entretenu des liens assez étroits durant cette campagne de la Primaire, facilité par la présence d'Olivier Bonet, ancien de Sens commun et du PCD, au sein des équipes du maire de Bordeaux. Des SMS soulignant certaines proximités programmatiques qui auraient été envoyés par Alain Juppé courant 2016, parachèvent ce qui apparaît comme une tentative de séduction en règle. « On avait dit dans une interview qu'on avait apprécié que François Fillon ait lu notre manifeste avec attention, alors Juppé n'a pas manqué de préciser qu'il l'avait lu aussi, à l'occasion de notre rencontre. »

Cependant, la décision de Sens commun de rallier François Fillon a créé une crise au sein même du mouvement. Beaucoup d'adhérents pardonnaient en effet difficilement à Sens commun de ne pas soutenir Jean-Frédéric Poisson, qui épousait davantage que François Fillon certaines de leurs préoccupations. L'abrogation de la loi Taubira était en effet un impératif pour de nombreux militants de Sens commun, ce que promettait Jean-Frédéric Poisson, à l'inverse de François Fillon qui ne voulait pas revenir sur le mariage pour tous. « Sens Commun a compris que François Fillon, même s'il ne partageait pas tous leurs points de vue, ne lâcherait pas sur certains thèmes centraux qui leur étaient chers », explique pour sa part une cadre du QG.

**5.     Une presse mainstream « décevante », ou la « fabrique de l'opinion » qui déraille**

« Durant toute la campagne de la Primaire, on n'a quasiment pas eu de demandes d'interview et peu de demandes d'accréditation pour des équipes de presse », se souvient Louis Betton.
Au contraire, la presse quotidienne régionale a été relativement mobilisée, explique le jeune chargé de relations presse, du fait de la multiplication des évènements sur le terrain au fil de la campagne.

Alors que des milliers de militants quadrillaient le terrain, que certains membres de la société civile cessaient de travailler afin de mener campagne à plein temps, que 20'000 personnes constituaient une « armée numérique » sur les réseaux sociaux et que des binômes de porte-paroles multipliaient les meetings en province, la presse nationale se ruait inexorablement aux meetings de Nicolas Sarkozy et d'Alain Juppé.

« Parfois on devait même leur suggérer que le candidat pourrait annoncer qu'il se retirerait, juste pour qu'ils envoient quand même des journalistes, et qu'on annonce finalement le lancement d'un nouveau comité de soutien. C'était dur. Jérôme Chartier faisait une conférence de presse par semaine et il n'y avait parfois que l'AFP et un journaliste de LCP. Du coup, il me demandait même parfois si j'avais bien envoyé les invitations, il n'arrivait pas à y croire. Les seules questions qui revenaient en fait sans cesse étaient : 'est-ce que vous vous retirerez de la vie politique après la Primaire ?', ou encore plus fréquemment : 'pour qui allez-vous voter au second tour ?', question' à laquelle François Fillon répondait invariablement par 'mais pour moi bien sûr!' », s'amuse Louis Betton.

Le scénario idéal des donneurs de ton parisiens pour la Primaire, c'est-à-dire un duel à mort Sarkozy-Juppé, qui s'achèverait sur une victoire fracassante de l'identité heureuse de « PéJu », semblait d'avance condamné à se réaliser. Sorte de prophétie que certains espéraient auto-réalisatrice. La possibilité de commenter un nouveau duel Balladur-Chirac ou une nouvelle itération de la guerre civile de la droite en 2016 semblait donner des frissons aux 'barons des ondes.' Au final, le mainstream donnait le ton, imposait un inconscient collectif aux citoyens et infusait ses propres pronostics au sein de la société. Réel soft-power médiatique. Ci et là, quelques analystes faisaient déjà part sur les plateaux de BFM TV de leurs prédictions sur les reports de voix au second tour, à grand renfort de sondages, d'analyses sur les centres d'intérêt et les réactions de l'électorat, et d'intuitions célestes dignes d'une 'Madame Irma.'

Leur intérêt pour la campagne de François Fillon alors était inversement proportionnel à leur plaisir inavoué de commenter et de déplorer, encore et encore, les fameuses déclarations concernant les « doubles rations de frites à la cantine » ou l'incident impliquant des étudiants gabonais durant un meeting, qui émaillaient la campagne de Nicolas Sarkozy. Plus que d'informer le citoyen afin de permettre le bon fonctionnement de la démocratie, le journaliste se livrait à un pataud exercice de voyeurisme teinté de sensationnalisme et de moralisme. Le journalisme semblait définitivement avoir perdu son âme, préférant en apparence le commérage « qui-fait-vendre » à l'absolu éthique, la fonction de 'moine copiste de la bien-pensance' à celle d'enquêteur de terrain. La dénonciation à outrance, la mise en scène d'un incident au détriment du fond des sujets, la collusion complice avec certains partis, -de gauche essentiellement, ou lobbies d'influence, -féminisme, anti-racisme ou athéisme, en particulier, teintaient l'information de postures de dénigrement ou d'inquisition des bonnes mœurs. Une montée de la défiance à l'égard des journalistes se faisait en réaction. Une masse de journalistes, en revanche, se trouvait, -et se trouve encore, prise entre deux feux. « On ne peut pas traiter deux fois des Roms dans la même semaine, sinon on va se faire traiter de média d'extrême droite », expliquait un rédacteur en chef à l'auteur au printemps 2016, alors que ce dernier voulait effectuer un reportage au sujet de la dégradation des locaux de l'université à Villeneuve d'Asq juste à quelques centaines de mètres de la rédaction et de la perturbation des cours par des populations qui se installées soudainement et sans autorisation sur place, survenue 'malheureusement' quelques jours après le blocage de l'autoroute A1 par des populations similaires. A une centaine de kilomètres de là. Emblématique d'une dérive de la presse, qui s'est convaincue d'une supériorité morale et intellectuelle, ou craint d'être mise en cause par tous ceux qui s'arrogent le droit de fixer les cadres de la pensée.

Au final, la presse n'aura simplement rien compris à la  dynamique de la « Société Civile avec Fillon. » Trop idéologiquement engagée pour s'en soucier, diront les uns, trop pressée par le tempo des chaînes d'information en continu pour faire du bon travail, tempéreront les autres.

## IV.    « Qui imagine le général de Gaulle mis en examen ? »

« Qui imagine le général De Gaulle mis en examen ? » L'attaque fit mouche. Pour la première fois, François Fillon commençait à véritablement attirer l'attention du grand public et des médias. Son attaque à l'encontre de Nicolas Sarkozy lui assurait une certaine couverture médiatique. Le relatif antisarkozysme des médias servirait sa cause.

Fin observateur des réseaux sociaux, François Fillon avait clairement calibré ses attaques afin de « faire le buzz » et de répondre au besoin de sensationnalisme et de voyeurisme des journalistes. Les 15 derniers jours de campagne de la Primaire de la droite et du centre, les demandes d'interview et d'accréditations ont ainsi littéralement explosé.

« Le vendredi soir [avant le premier tour], un journaliste de RTL m'a dit : 'il y a un truc qui se passe, et je pense que Fillon fera vraiment un bon score juste derrière Sarkozy. Il sera le faiseur de rois!' Il ne voulait toujours pas admettre que son pronostic était totalement biaisé », s'amuse Louis Betton.


### 1.    En route vers la victoire

« On ne nous prenait pas au sérieux ! D'ailleurs j'étais quasiment le seul jeune militant dans tout le département du Nord. Il fallait vraiment avoir des convictions pour soutenir Fillon, alors que les autres faisaient des mains et des pieds pour se faire bien voir et devenir collaborateurs parlementaires ! D'ailleurs, quand on croisait des gens des autres écuries ils ne s'intéressaient pas vraiment à nous, ils nous prenaient pour des guignols, tout ce qui les intéressait c'est si on comptait voter pour eux au second tour », se souvient Antonin Feré, responsable du comité de soutien des 'Jeunes avec Fillon' du Nord. De fait, lorsqu'il les rejoint en octobre 2015, les équipes Fillon locales ne sont constituées que par deux jeunes. La direction du comité de soutien lui est immédiatement confiée, une promotion aussi inattendue que formatrice. L'engagement militant qui devait être à ses yeux un complément pratique à ses études de droit devenait au fil du temps une partie importante de son quotidien. Les équipes du QG lui firent visiter leurs locaux et le présentèrent aux anciennes équipes de Matignon. Il s'approchait ainsi des plus hautes sphères du pouvoir. A 20 ans seulement. « J'ai aperçu au mur plusieurs photos de cette époque, où l'on voyait François Fillon en compagnie des employés du ministère. Il n'y avait pas de photos avec des ministres ou des stars, il me paraissait moins bling-bling que Sarkozy, beaucoup plus proche de ceux qui agissent vraiment ! »

# Les «radicalisés», chronique d'une lapidation politico-médiatique

Le 28 octobre 2016, Antonin Feré rencontrait pour la première fois François Fillon. C'était à la librairie La Sorbonne de Nice, au gré des vacances d'automne, à l'occasion d'une dédicace du livre « Faire » et juste avant un grand meeting à Cannes.  Discutant en marge de l'évènement avec Eric Chomaudon, chef de cabinet de François Fillon, il fut prestement présenté par ce dernier au 'candidat.'
« François Fillon voulait avoir plus de détails sur la mobilisation dans le Nord, pour mieux anticiper le meeting de Lille. Il voulait savoir si le choix du Grand Palais était crédible pour faire le meeting. Il avait apparemment un peu peur d'avoir en face de lui une salle à moitié vide et envisageait de prendre un endroit plus petit. »

« On relativise avec de la bouteille, mais quand on est à 9% à moins de trois mois d'une élection, c'est très dur pour le moral des troupes, et en particulier pour les primo-militants », éclaire Béatrice Martineau.

Afin d'accélérer la campagne, alors que l'argent affluait en raison de l'immense toile tissée par la société civile et à l'action d'Arnaud de Montlaur auprès des grands donateurs, il fut décidé de mettre en place des brochures thématiques destinées à expliquer le programme de François Fillon. Détaillés et richement illustrés, ces documents se voulaient « être destinés à des gens intelligents », c'est à dire faire appel à raison et au bon sens des Français, plutôt qu'à leurs émotions et aux techniques de manipulation des foules.

Les débats télévisés permirent en outre à François Fillon d'émerger. Alors que Jean-François Copé s'enlisait dans le souvenir de ses affaires, que Nicolas Sarkozy s'emportait et que le flegme d'Alain Juppé se muait en suffisance, la stature assez gaullienne de l'ancien Premier ministre prenait tout son sens. Celui qu'on décrivait à l'envi comme froid et inamical, devenait par contraste avec ses compétiteurs mesuré et habité par une certaine hauteur de vue. « Après le premier débat j'ai envoyé un SMS à Patrick Stefanini en disant 'c'est bon, on va gagner' », confirme François Miquel.

Au Palais des Congrès de Paris, le 18 novembre, 3'000 personnes étaient attendues au meeting de François Fillon. Ce sont au final 4000 sympathisants et curieux qui prirent place dans la salle principale, et 3'000 autres dans les deux salles adjacentes ouvertes en catastrophe afin de pouvoir juguler un flot ininterrompu de spectateurs. Un succès qui allait donner des ailes aux équipes Fillon.

Pourtant, les journalistes nationaux avaient décidé qu'Alain Juppé allait remporter le scrutin. Ils n'en démordaient pas. Ils ne pouvaient probablement pas imaginer qu'ils se trompaient, eux qui avaient appris en école de journalisme ou à Sciences Po que « le Français moyen ne maîtrise que 300 mots de vocabulaire et qu'il n'a pas une grande culture générale », eux qui imitent les codes de leurs aînés parisiens, eux qui s'imaginent être des Zola des temps modernes. S'autoproclamant élite intellectuelle du pays, s'arrogeant le droit de poser des limites tacites à la liberté d'expression afin d'éviter que le « populisme » ne puisse influencer la masse des « ignares », ils restaient dans leur tour d'ivoire. « On sentait bien un décalage avec ce qui remontait du terrain, et ce que les médias racontaient en boucle », explique un militant.

Ce dimanche de premier tour, des scènes ahurissantes se déroulèrent dans certains bureaux de vote. Des élus de gauche auraient ostensiblement voté à la primaire de la droite et du centre, se pinçant ostensiblement le nez et affichant sur leur visage une étrange moue de dégoût. Une élue socialiste lilloise se seraient de même rendue dans les bureaux de vote de la Primaire et, au moment de déposer son bulletin dans l'urne, aurait 'laissé tomber' à dessein sa carte du parti socialiste sur la table du président du bureau. « Oups, désolée j'ai laissé tomber ma carte du Parti socialiste », aurait-elle d'ailleurs précisé, afin de s'assurer que personne n'ait loupé ce grand moment de théâtre. Des remarques acerbes à l'encontre de Nicolas Sarkozy fleurirent de même ci-et-là dans les bureaux, auxquelles auraient fait écho des boutades à propos d'Ali Juppé. Des femmes soigneusement voilées et leurs -parfois nombreux, à en croire les divers récits – enfants, accompagnaient dans certaines villes leurs époux venus voter. A la demande de groupes salafistes, pensent savoir certains bénévoles dans les bureaux de vote. Elles-mêmes n'auraient semble-t-il pas forcément pris part au vote. Une simple provocation, peut-être ?

Brèves de comptoirs, histoires marseillaises ou tristes réalités, ces nombreuses anecdotes de campagnes fleurissaient en tout cas dans la soirée du premier tour de la Primaire au sein des bars occupés par les militants fillonistes, tout comme sur les nombreux forums et groupes facebook rassemblant l'armée numérique de la campagne de François Fillon. Ces histoires, moquées au gré d'un verre ou au contraire sujettes à de vives discussions entre militants, permettent de mieux appréhender l'état d'esprit qui régnait chez les militants. L'ambiance était très bonne, étrangement calme au vu des hésitations qui ont prévalu les semaines précédentes, et s'améliorerait encore au gré des nombreux SMS qui s'échangeaient à travers toute la France. Les militants s'amusaient en effet à jauger l'évolution des différentes piles de bulletins à l'entrée des bureaux de vote, afin d'estimer les choix de vote des électeurs. « Chez nous, on a du recompléter deux fois la pile pour François Fillon », se réjouissait par exemple Benjamin Brasseur, militant filloniste qui représentait François Fillon au bureau de vote de la ville de Wervicq-sud, à la frontière avec la Belgique. Des SMS envoyés en catimini, afin de se donner du courage. En avant-première, d'autres militants s'échangèrent les résultats des premiers dépouillements. En direct. Puis en léger différé sur les groupes facebook, avec de sommaires tableaux récapitulatifs de quelques bureaux locaux à l'appui afin d'esquisser une tendance. Des analyses très sommaires, emprunts d'une douteuse fiabilité, mais qui avaient le mérite de soutenir le moral de tous les militants au terme d'un épuisant marathon électoral qui avait duré pour certains plus de trois ans. D'aucuns évoqueraient cependant d'emblée quelques petites soupçons d'irrégularités dans certains bureaux, comme pour agiter inconsciemment  le chiffon rouge de la guerre Copé-Fillon. Jouer à se faire peur, en somme.

Les fillonistes avaient enfin l'impression de tenir leur revanche sur un parti qui les avait méprisés, dénigrés et relégués sur le banc de touche. Un moment à savourer longuement. Beaucoup espéraient également pouvoir faire en fin de soirée un magistral pied de  nez à toutes ces écuries concurrentes qui les avaient depuis trop longtemps pris de haut, sinon en les battant brillamment au premier tour, au moins en leur monnayant très chèrement leur hypothétique vote de second tour durant la semaine à venir. Le spectre de la défaire alourdissait tout de même le ton des discussions, et ce malgré les 'certitudes' affichées en grande pompe par certains « vétérans » devant les caméras ou les micros. La peur de crier victoire trop vite avait en effet marqué toutes les générations de militants qui ont pris part à la campagne de François Fillon.

Certains évoquaient l'ambiance de la soirée qui vit la France remporter la coupe du monde 1998 face au Brésil, seul évènement similaire leur permettant de décrire justement le suspense insoutenable qui prévalut tout au long de la soirée, et l'émotion inespérée qui réchauffa leurs cœurs meurtris.

Au soir du premier tour, après l'annonce des premiers résultats laissant une marge confortable à François Fillon, Loïc Leprince Ringuet se présenta devant le micro de Paul Amar. Il allait être interrogé en direct pour l'édition de Tel Aviv de  'i24 News'. Le média israélien redécouvrait en effet François Fillon, considéré comme un pâle outsider quelques jours auparavant, et était désireux d'en savoir plus sur le tombeur annoncé d'Alain Juppé. Pour des centaines de fillonistes, le passage de l'ombre à la lumière allait s'avérer extrêmement grisant. Trop, peut-être. Dans la foulée, Loïc Leprince Ringuet s'emploierait à rejoindre rapidement d'autres militants aux côtés de François Fillon, afin d'écouter les premières réactions à vif du vainqueur de la soirée. Beaucoup en étaient certains, Alain Juppé allait se retirer pour éviter la honte d'une déculottée.

« J'ai toujours espéré cette victoire sans m'autoriser à croire qu'elle puisse être si large, avoue Astrid Renoult. « Et pourtant, on sentait bien sur le terrain, dans les discussions, dans les cafés, qu'il n'y avait pas d'emballement populaire pour Juppé, dont la candidature a beaucoup été portée par l'intérêt que les medias lui ont accordé. Ils avaient décidé que ce serait un match Sarko-Juppé, mais les Français ont tranché! »

A la Maison de la Chimie, où les fillonistes s'étaient rassemblés dans la soirée, la liesse était palpable. Presque incontrôlable, tant elle était spontanée et inespérée. En coulisses, François

Fillon aurait, pour la première fois en public, laissé s'échapper quelques bribes d'émotions. Un regard plein d'espoir, après quatre années à avaler des couleuvres et faire le dos rond face aux barons du parti Les Républicains.

En tout et pour tout, il y aura eu moins de 20 appels au QG faisant état d'incidents dans les bureaux de vote. Deux ou trois problèmes sans gravité furent solutionnés par le pôle juridique, mais aucune irrégularité patente ne fut pointée dans la journée. « Un soulagement », précise une cadre qui fut  déjà présente au coeur de la machine filloniste en 2012.

Des centaines de représentants de candidats avaient tout au long de la journée inspecté les bureaux de vote, en bonne harmonie avec les autres représentants des différentes écuries. Au final, cela représentait déjà une victoire symbolique pour la droite. Le spectre du duel fratricide Copé-Fillon semblait pouvoir être relégué au rang de lointain cauchemar. On l'espérait ardemment, en tout cas.

Alain Juppé venait de se faire voler la vedette par « Mr Nobody. » Nicolas Sarkozy venait d'être rejeté par les sympathisants de droite et du centre, alors qu'il pensait être le seul à-même de diriger. Un camouflet infligé à deux monstres d'orgueil, résumera-t-on après coup. « Les deux considéraient Fillon comme une merde, ils l'ont méprisé et pris de haut pendant 5 ans, alors il se sont sentis ridiculisés »,  analyse une cadre filloniste fidèle au candidat Fillon depuis Matignon.

« Pour les journalistes et les instituts de sondage, eux qui savent tout et font la pluie et le beau temps sur les ondes, c'est la pire humiliation de leur carrière », ajoute pour sa part une cadre filloniste œuvrant au sein du QG. « Cela posait les bases de leur détestation viscérale et irrationnelle à l'encontre de François Fillon, et ça explique leur acharnement ensuite. »


**2.     Alain Juppé, ou la hargne du mauvais perdant**

Le dimanche 20 novembre au soir, une lourde pluie tombait sur la ville de Bordeaux. De très fortes rafales de vent frappaient tout le littoral atlantique. Un vent. Un camouflet. Alain Juppé et ses lieutenants les plus proches étaient ravagés. La mine lourde, ils s'enfermèrent longuement dans une salle de réunion de la mairie. Rideaux tirés. A l'écart du monde. Ils n'en ressortiraient pas avant de longues heures de discussions, alors qu'une nuit d'encre étouffait la ville. La morosité se lisait sur leurs visages, expliquèrent les jours suivants les quelques employés qui ont été les émoins de la scène. De la haine, de la rancune, mêlé à un certain abattement, aussi. Une incompréhension, et beaucoup d'hésitations.

Le lundi, les équipes municipales bordelaises faisaient grise mine. Les équipes sarkozystes, leméristes et, dans une moindre mesure, juppéistes, ressentaient en effet cette typique 'gueule de bois' qui accompagne inévitablement la fin d'une enivrante campagne politique. Pour les plus malheureux, en tout cas. Les militants de Bruno Le Maire, qui s'étaient habitués à l'idée d'occuper la troisième place, furent certes déçus mais pas fondamentalement bouleversés. Les fillonistes au contraire, et notamment ces nombreux primo-militants qui anticipaient de longue date de retourner à leurs occupations ordinaires, prenaient en revanche conscience du nouvel horizon qui s'offrait à eux. Inespéré. Ils n'attendaient souvent pas grand-chose de ce monde politique, par idéalisme ou simplement afin de ne pas être trop déçus, mais d'un coup remportaient la mise. Au grand dam des 'militants professionnels' qui, eux, faisaient campagne afin d'obtenir un poste de collaborateur parlementaire ou une investiture quelconque. Alain Juppé lui-même aurait mis en vente sa maison à Bordeaux afin de pouvoir s'installer à Paris. « Il se voyait déjà à l'Élysée, ça a été la douche froide », s'en amuse Carole Valette.

Peut-être les fillonistes n'étaient-ils cependant pas assez préparés, du coup, à encaisser l'exercice de politique politicienne qui bientôt entacherait leurs rêves naissants. Face à des militants rompus, ou du moins habitués, aux coups tordus, ils seraient démunis. Ils n'avaient pas les codes, ni les référentiels, pour s'insérer sans esclandre dans le grand bal politicien. Ils n'avaient simplement pas été préparés à encaisser des coups.

Reprenant un mode de fonctionnement davantage commun aux États-Unis, les Républicains voulaient faire de leur Primaire non seulement un outil de sélection, mais également un élément puissant de rassemblement et de mobilisation avant l'ouverture officielle de l'élection présidentielle. Elles procurent en effet au parti organisateur un avantage indéniable en termes de communication vis-à-vis de ses concurrents. A condition cependant que cette surexposition médiatique ne joue pas contre ses initiateurs, et qu'une stratégie de polissage des désaccords et d'évitement des incidents permette de souder *in fine* l'ensemble du parti. L'engagement tacite des participants à la Primaire à voter pour le vainqueur ne faisait cependant pas illusion : la parole donnée se reprend aisément en ce XXIe siècle où infusent à travers toute la société, l'individualisme, le carriérisme et l'égoïsme. Les trois premiers débats de la Primaire, qui avaient vu s'affronter en gant de velours les sept animaux politiques, donnaient le change. Pas d'attaques, pas de bons mots, aucune de ces sempiternelles piques assassines. Il n'en serait pas de même au cours du quatrième et dernier débat, Alain Juppé décidant de jouer son va-tout. « Je suis surpris que mon 'ami' Alain Juppé me fasse ça », commentera rapidement François Fillon devant les militants réunis au QG.

Le mardi 22 novembre, un groupe d'une dizaine de militants tractait ainsi aux abords de la place de la République à Lille. L'ambiance était irréelle. Pour beaucoup, la journée de lundi n'avait pas suffi à retrouver le calme habituel. Parmi eux, M*, un militant sarkozyste, s'était empressé de rejoindre les équipes Fillon. Avant même l'annonce définitive de la victoire le lendemain. « Fillon est un candidat que j'adore, il a vraiment été très bon avec Sarkozy et j'ai failli le soutenir dès le départ. Je suis content que ce soit lui qui soit en tête », expliquait-il fièrement aux responsables du comité « jeunes avec Fillon » local. Qu'importe qu'il ait, selon certains cadres frontistes, demandé dès le printemps 2017 une investiture aux législatives sous la bannière du Front National. Qui lui fut par ailleurs refusée car « ça puait l'opportunisme. » Qu'importe qu'il ait, à en croire les moqueries que se lanceraient ensuite les militants à son sujet, courtisé dans la foulée le mouvement En Marche, espérant une investiture. Puis se retrouvant de guerre lasse dans les rangs des Constructifs. Il redoublait en tout cas d'énergie ce jour-là afin de défendre la candidature et le programme de François Fillon. Emblématique de l'ambiance et des trahisons futures.

Un autre militant postula tour à tour au sein des équipes d'Alain Juppé, de Bruno Le Maire, de Nicolas Sarkozy et de François Fillon, avant d'approcher brièvement les équipes de Sens Commun. « Il a des compétences et une portée médiatique, mais il demandait tout de suite 'quel poste vous me donnez si je vous rejoins ?' Une fois il s'est fait filmer en cachette alors qu'il venait parler à 'BLM' sous un prétexte bidon à la fin d'un meeting pour se donner de l'importance sur les réseaux sociaux. Et il paradait », se souvient un ancien cadre lemériste nordiste. Les responsables locaux hésitaient du coup à faire confiance à de telles personnes, et pouvaient se refermer par moment sur leur noyau dur. L'esprit clanique pré-existant faisait en effet des ravages alors qu'il aurait fallu rassembler les troupes derrière François Fillon, dévalorisant en parallèle les nombreux ralliements sincères qui se mêlaient aux opportunismes.

Tous les comités Fillon de France virent fleurir durant l'entre-deux-tours de la Primaire ces mêmes profils de 'nouveaux adhérents' et 'alliés.' Leurs sauts de puce d'une « conviction » à l'autre leur attiraient même une somme de moqueries. « Ce sont des parasites de la politique, qui ne sont là que pour leur intérêt personnel! Ils sont apparus le soir du premier tour alors qu'on ne les avait pas vus de toute la campagne, avec leur gamelle dans la bouche et des promesses plein les yeux », commente Corine Martineau, présidente du comité Fillon de Biarritz.

Les autres ralliements tarderaient encore un peu à se manifester, mais toute bonne volonté était bonne à prendre pour mener cette campagne d'entre-deux-tours. Les bataillons de militants de Bruno Le Maire rejoindront pleinement les équipes Fillon à partir du mercredi 23 novembre. Beaucoup, et c'est tout à fait compréhensible, avaient pourtant encore du mal à se remettre de l'uppercut qu'ils venaient d'encaisser. Encore sonnés, voire abasourdis. « C'est dur d'être donnés gagnants depuis deux ans et de se faire coiffer au poteau les quinze derniers jours », confie ainsi Isabelle Hyvoz, soutien d'Alain Juppé puis candidate malheureuse aux législatives dans le Périgord.

Parmi le groupe de militants, Yéléna irradiait de son large sourire les passants qui convergeaient vers le métro depuis les artères piétonnes du centre-ville. Shopping et bonne humeur faisaient loi. La pétillante jeune femme, soigneusement habillée d'un manteau en laine gris, ne ménageait pas ses efforts afin de distribuer ses tracts et aborder les passants. Certains les prirent pour des coupons de réduction, d'autres les rangèrent machinalement dans leur poche en promettant d'y prêter attention. Avant de les déposer discrètement dans la poubelle quelques mètres plus loin. Soudain, alors qu'elle faisait quelques pas en direction d'un passant, ce dernier lui arracha les tracts des mains. Il les déchira sans perdre de temps et les jeta au visage de la jeune femme. Habillé tout de sombre, cheveux sales et bottes craquelées, déglutissant quelques borborygmes. Il la saisit enfin par la gorge et le haut du torse, et s'empressa d'ajouter quelques insultes. L'intervention d'autres passants et des militants fillonistes présents à quelques mètres de la bouche de métro permit à la jeune femme de se dégager. D'aucuns affirmèrent qu'il s'agissait d'un « punk à chien », l'un de ces individus désocialisés que l'on croise parfois au gré des manifestations de Jean-Luc Mélenchon.

Les attaques d'Alain Juppé, abondamment relayées par les réseaux sociaux et les médias, avaient ainsi instillé le doute dans l'esprit de certains Français. Un climat délétère s'imposa, propice à la multiplication d'incidents. Les démentis et clarification de François Fillon n'y feraient rien. De son côté, la jeune femme en restera  choquée, tout en continuant à participer activement à la campagne.

« Quand la polémique sur l'avortement jaillit, c'est en 24h que Sophie Primas à pris le lead pour organiser au Sénat avec les Femmes avec Fillon une conférence de presse sur la position de François Fillon sur le sujet», se souvient Muriel Reus.

Le jeudi suivant, alors qu'il déambulait tracts à la main aux abords d'une place piétonne, un autre groupe de militants fut également pris à partie par des passants. Christian, Bernard, Guillaume et Bérengère, plus âgés pourtant, essuyèrent un flot d'insultes émaillées par les rires de leurs contradicteurs. Costumes ajustés, cravates et sacoches en cuir. Ceux qui quelques instants auparavant passaient pour des cadres tirés à quatre épingles, se livraient soudain à un déplorable exercice de tir au pigeon. Janus à col blanc. « Les vieux avec Fillon », rigolait l'un d'entre eux à l'adresse des deux doyens du groupe, vêtus d'un t-shirt « Équipe Fillon. »
« Enlève la selle, ça te fera du bien », cria ensuite un second à l'attention d'une conseillère municipale de Lambersart venue à bicyclette afin d'aider à tracter. « Fillon c'est un trou du cul, on va lui carrer dans le fion », ajoutaient poétiquement le jour suivant un groupe de cinq ou

six jeunes à capuche, à l'adresse de militants parisiens. « Idiots », « ils vont vous baiser, vous êtes les idiots utiles des politiciens », etc. Des crachats ont été signalés ci-et-là, et des quolibets raisonnaient à travers plusieurs villes de France. « Fascistes ! », « homophobes », « curés pédophiles », « dans le fion », etc. Les plus polis se contentaient de froisser avec application les tracts qui leur étaient tendus et de les jeter au sol. Qu'importe qu'il y ait des poubelles à quelques mètres de là.

Alain Juppé venait en effet d'attaquer, -de diffamer diront d'aucuns-, François Fillon à propos des thèmes de l'avortement, du mariage homosexuel ou du catholicisme assumé par le candidat sorti en tête du premier tour de la primaire. « Il cochait toutes les cases pour que les défenseurs de la bien-pensance veuillent sa peau », ironise Antoine de Chemellier. Il n'en fallait en effet pas plus pour que certains passants ne s'improvisent « justiciers » et ne s'en prennent physiquement aux militants de François Fillon. La victoire était mathématiquement acquise, mais le ton de la campagne présidentielle venait d'être posé. Alain Juppé semblait vouloir jouer la future campagne de la droite sur un coup de dé, en s'essayant à une sorte de nouvelle 'charge de la brigade légère.' Assez surprenante de la part du chantre du rassemblement, un brin pathétique, et que l'on pourrait non sans ironie sous-titrer : « Moi, président, ou sinon surtout personne d'autre. »

« J'ai trouvé les attaques d'Alain Juppé infiniment décevantes. Ça m'a même fait doucement sourire, après tous les efforts qu'il a entrepris pour nous séduire, alors on avait écrit un communiqué de presse pour lui rappeler qu'il se sentait 'proche de nous' encore quelques semaines auparavant », s'amuse après coup Madeleine de Jessey. Les équipes d'Alain Juppé étaient en effet, comme nous l'avions précédemment évoqué, les seules à avoir sollicité deux rendez-vous avec les dirigeants du mouvement Sens Commun, essayant ainsi de s'assurer du soutien de ce parti conservateur en vue du second tour de la Primaire. Il aurait ainsi fallu quelques semaines à peine pour qu'Alain Juppé change radicalement ses « valeurs. »

« Je n'étais pas si surprise que ça », explique en revanche une cadre du pôle projet de la campagne. « Alain Juppé ne supporte pas que quelqu'un de 'moins intelligent qui lui' le batte. Il a un orgueil absolu. » Dès l'annonce de son score au premier tour de la Primaire, Alain Juppé aurait donc ruminé, pense-t-elle. « Il n'était pas concevable pour lui d'être battu par un petit DEA de droit, lui, l'énarque, le meilleur d'entre tous », ajoute-t-elle.

En réaction à la stratégie de communication d'Alain Juppé, un certain nombre juppéistes auraient en outre rallié les équipes Fillon durant l'entre-deux tours. Ils étaient en effet las de ces injonctions prononcées par leurs responsables, qui auraient clairement incité à mener une campagne « sale » en ayant recours à la diffamation et à la stratégie de la terre brûlée. Résignées quant au résultat du second tour. Déçus par la tournure que prenait la campagne. «Des juppéistes nous ont dit qu'ils en avaient ras-le-bol de cette campagne dégueulasse qu'on leur demandait de faire, et qui se limitait juste à salir Fillon. Pas mal d'entre eux ont appelé à voter Fillon contre Juppé, et sont restés avec nous ensuite pendant la présidentielle », se souvient Héloïse Maindiaux. « On est morts. Je vais voter Fillon parce que Juppé est fini. Il bave à la télé, et maintenant il crache sur ses adversaires. C'est pas sérieux  », se serait alors en substance justifié l'un de ces juppéistes.

Du côté des sarkozystes, plus qu'une adhésion aux idées de François Fillon, c'est l'idée du vote utile qui faisait apparemment loi. « Tout sauf Juppé », entendait-on de la bouche de nombreux militants. Ces derniers ne manquaient pas mettre en parallèle la forte mobilisation des socialistes et celle des « intégristes musulmans » en faveur du maire de Bordeaux, tout en se moquant de bon cœur de « l'identité heureuse d'Ali Juppé. »

Lancé probablement par les milieux d'extrême droite sur les réseaux sociaux, ce thème lié à la radicalisation d'une frange de la population française et à la supposée 'bienveillance complice' que lui opposerait le maire de Bordeaux, a fait florès.

Les militants juppéistes reprocheront par ailleurs abondamment aux autres militants de droite d'y avoir cru ou, pire, de s'en être fait l'écho à des fins de manœuvres politiques. Plusieurs témoignages de personnes ayant côtoyé le fondateur du site Damoclès, - qui a pris part à la campagne de François Fillon sans pour autant être intégré aux équipes proprement dites -, et celui du média satyrique ridicule.tv, également proche des milieux fillonistes, laissent clairement entrevoir une volonté durant la Primaire de gêner la campagne du maire de Bordeaux par des actions en sous-main. « On avait acheté un ordinateur en liquide chez un Chinois et on ne se connectait qu'à des wifi publics pour ne pas se faire repérer », confie l'un des participants à ce groupe informel. Le relai de ces thèmes aux accents diffamatoires par certains militants fillonistes et par une partie de 'l'armée numérique' tiendrait ainsi davantage de la complicité tacite que de l'erreur d'inattention. « De bonne guerre », répondront les principaux intéressés. Ces actions revenaient pourtant à hypothéquer les chances d'agréger les juppéistes après la victoire mathématiquement annoncée de François Fillon.

Les basses manœuvres auraient ainsi émané des deux camps durant l'entre-deux-tours, ce qui complexifiera encore davantage la recomposition ultérieure.
Pourtant, bien qu'assez confiantes en leurs chances de victoire, les équipes de François Fillon n'en décidèrent pas moins de frapper un grand coup durant l'entre-deux tours afin de consolider la stature présidentielle de leur candidat. Pierre Danon eu en effet l'idée quelques jours avant le premier tour de réaliser une grande mobilisation nationale de tous les fillonistes.

Lister publiquement 1000 réunions de soutien simultanées au minimum, tel serait l'objectif. Une grande réunion publique devait se tenir dans chaque chef-lieu et faire intervenir à l'une des figures de la campagne. Une diffusion du discours de François Fillon par Facebook Live serait en outre suivie depuis des centaines de bars, cafés, permanences des Républicains et restaurants. Des milliers de photographies prises par les militants eux-mêmes et des dizaines de vidéos permettraient de créer un effet de masse sur les réseaux sociaux.

« On avait seulement trois jours pour tout organiser, alors on a fait au mieux », se souvient bien Marguerite Hedde. Au final, 12 grosses réunions eurent un impact médiatique, faisant intervenir des « barons » tels Eric Woerth ou Gérard Larcher, tandis qu'une soixantaine de réunions intermédiaires étaient animées par les porte-paroles de la campagne et qu'une centaine d'autres rencontres virent intervenir des figures locales, maires, conseillers municipaux ou départementaux. Enfin, une centaine de réunions d'appartement et de rencontres dans des bars ou des restaurants permirent aux militants de participer à cet évènement qui se voulait comme toute assez festif. Une façon de fêter la victoire annoncée avant l'heure.

Cependant, alors que les salafistes auraient réellement multiplié, à la fois durant leurs prêches et au gré de leurs réunions dans les banlieues sensibles, les appels à voter Alain Juppé au second tour de la Primaire, la presse, en revanche, commençait à pointer d'un doigt accusateur l'implication du mouvement Sens commun au sein des équipes de François Fillon. Les convictions religieuses et éthiques de François Fillon n'étaient pas non plus épargnées. « Être catholique et de droite c'est cocher toutes les cases de la mal-pensance pour les journalistes bobos qui s'auto-proclament juges et bourreaux. L'attaque d'Alain Juppé n'était pas gratuite, il savait que ça ferait mouche », croit déceler à ce sujet Antoine de Chemellier. Une explication qui paraît assez simpliste. Une lapalissade pourtant à en croire une bonne partie de la droite française, qui tolère de plus en plus mal le traitement de l'information de la presse mainstream à son égard ressenti comme un 'deux-poids-deux-mesures.' Du populisme, répondront à ce sujet les journalistes taxés d'impartialité, balayant le fond du sujet avec mépris.

« J'ai eu l'impression qu'il y eut davantage d'articles de presse commentant la Croix que j'avais autour du cou au soir du second tour, que de dossiers de fond expliquant les tenants et aboutissants de la victoire de François Fillon à la Primaire », explique ainsi Valérie Boyer, député LR des Bouches-du-Rhône et porte-parole de François Fillon. « Alors qu'en fait j'avais juste anticipé que j'allais devoir parler aux journalistes sur les trottoirs devant le QG après notre victoire annoncée, alors je m'étais habillée en conséquence, avec une épaisse robe en laine et un col au ras du cou. On était fin novembre, tout de même. Du coup ma croix passait parfois au-dessus. Il n'y avait pas de quoi en faire toute une histoire. »

Au soir du second tour, à la maison de la chimie, l'ambiance semblait surréaliste. Pointés du doigt durant des mois, moqués par leurs amis, souvent méprisés par les « militants professionnels » des autres écuries, les fillonistes se rêvaient tout à coup à l'Elysée. D'autres militants préférèrent au contraire s'éloigner de la maison de la Chimie, « bondée », afin de commander par exemple une bouteille de champagne dans un bar de la rue Cler. Un moment de convivialité exceptionnel, racontent les militants. D'autres seront rivés à leur téléviseur, ou commentaient âprement la victoire sur les groupes Facebook.

« Il avait les larmes aux yeux à la fin de son discours. » François Fillon se serait alors approché de ses équipes, aurait chaleureusement serré des mains et embrassé certains. «Alors que j'étais en arrière-plan, loin du premier rang, il m'a saisi la main à travers le premier rang et l'a embrassée. Pour une fois j'ai eu l'impression qu'il avait lâché le contrôle, et il a montré qu'il était capable d'émotions très fortes. Il avait été submergé par ses affects », confie l'une des cadres présentes.


Peut-être François Fillon n'avait-il en réalité jamais cru qu'il sortirait vainqueur de l'élection, et de fait il ne s'y était pas suffisamment préparé? Personne ne le saura jamais.


Dans la soirée du 7 au 8 décembre 2016, François Fillon conviait ses équipes sur le quai de Seine en face de l'Assemblée nationale afin de fêter leur victoire sur la péniche Alexandre III. A partir de 19h, un cocktail était servi aux nombreux convives, suivi par le très attendu discours du candidat de la droite et du centre pour la campagne Présidentielle. L'ambiance était détendue. François Fillon allait et venait avec une coupe de champagne à la main afin de remercier ses soutiens de leur présence. Différents responsables en profitèrent cependant pour exposer leurs inquiétudes. La campagne semblait en effet être au point mort, et beaucoup s'étonnaient de ne pas avoir d'instructions précises ou d'éléments de langage clairs. « Il faut absolument que j'arrive à montrer que mon programme est vraiment social », se serait alors confié François Fillon en retour, alors qu'il échangeait avec Loïc Leprince-Ringuet. Dans la tête de François Fillon, un programme réellement social devait en effet avant tout s'attaquer au fléau que représentait le chômage, plus que de le rendre confortable à coup d'aides sociales. Ainsi se justifiait-il. Cependant, François Fillon sentait bien alors que ses idées n'étaient pas comprises de l'opinion et qu'il faudrait s'employer dès janvier 2017 à les clarifier. Très tard, en somme. Trop tard.

## V.    Lutte d'influence aux Républicains

La lundi 28 novembre au matin, un homme tiré à quatre épingles pénétrait avec assurance au sein du QG filloniste situé sur le boulevard Saint-Germain. Il s'appelait Édouard Philippe. Cet ambitieux lieutenant d'Alain Juppé, encore inconnu du grand public, venait proposer son aide à Patrick Stefanini en vue de la campagne présidentielle à venir. « J'ai du mal à croire qu'Édouard Philippe ait pu faire quoi que ce soit sans l'assentiment explicite d'Alain Juppé », affirme cependant Yves d'Amécourt, qui a échangé beaucoup de SMS les jours précédents avec le maire de Bordeaux. Beaucoup d'autres anciens lieutenants d'Alain Juppé lui emboîteraient d'ailleurs assez vite le pas, sans que l'on sache précisément s'ils s'étaient ou non coordonnés à l'avance entre eux. « J'ai été très surpris de voir autant de cadres et de militants de Juppé au QG peu après le second tour. Le clan Stefanini était là au grand complet. C'est comme s'ils avaient convenu que le vainqueur recaserait les autres directement chez lui. Il y avait aussi pas mal de gens de Bruno Le Maire, mais aucun Sarkozyste en revanche », se souvient Antoine de Chemellier.
La veille, c'est Valérie Pécresse qui avait promptement fait quelques appels du pied en direction des équipes de François Fillon. « Quand j'ai vu que Pécresse était au QG, j'ai juste lancé dans sa direction 'rentre chez toi' », s'amuse cependant Valérie Boyer.


### 1.    Malheur au vainqueur

Un trou noir. Les équipes issues de la société civile sont restées un mois dans le flou. Alors qu'elles pensaient qu'en raison de leur victoire les autres écuries auraient à faire l'effort de venir s'intégrer à eux, au contraire, une armée mexicaine composée des vieux barons de tous bords a immédiatement commencé à se substituer à l'organigramme qui a façonné la victoire. Utiles alors que le parti était contre François Fillon, les militants ne l'étaient semble-t-il plus. C'était en tout cas le ressenti de certains d'entre eux. La force citoyenne qui avait porté François Fillon durant la Primaire commençait dès lors à s'émousser. « J'ai tenté d'interpeller Patrick Stefanini durant une réunion pour lui indiquer que plein de gens de nos comités se sentaient exclus de la campagne et commençaient à partir chez 'En marche.' Il m'a juste répondu : 'anecdotique' », se souvient, amer, l'un des portes-paroles de la campagne.

En outre, dès le lundi 28 novembre 2016 cent trente militants de l'UDI Jeunes, se déclarant en

82

désaccord avec le projet porté par François Fillon, avaient choisi de rallier Emmanuel Macron. Une digue a sauté. Ce ne seront pas les seuls à tourner plus ou moins ostensiblement casaques. Bafouant ainsi leur promesse, prise au moment de l'organisation de la Primaire de la droite et du centre et qui les engageait à respecter le résultat des urnes en vue de l'élection Présidentielle, ils confirmèrent n'avoir alors souscrit qu'un «forfait politique sans engagement.» Au grand dam des fillonistes, qui leur opposeront désormais effectivement une certaine rancœur. Ainsi serait en effet désormais considérée la parole des centristes au yeux de certains militants de François Fillon : fourbe. « Ce sont des gens qui ne croient en la démocratie que lorsqu'elle les donne gagnants », paraphrasant une phrase que prononcera bien plus tard Emmanuel Macron, une fois devenu président.

Ce n'était pourtant alors qu'une petite piqûre sans incidence. En effet, plus de 1200 comités Fillon maillaient désormais le territoire, composés de militants aguerris, motivés et fiables. L'énergie que leur avait apporté leur récente victoire semblait leur ouvrir inévitablement la porte de l'Élysée. Les responsables locaux désiraient ainsi ardemment se remettre en route, mais c'est Patrick Stefanini qui posait des barrières à leur enthousiasme. Pire, ce sont souvent les « aigris » des autres camps qui seraient chargés de mener les comités et d'impulser l'énergie indispensable aux militants. Les fillonistes, qui menaient en bonne harmonie leur groupe la veille, qui multipliaient les actions et débordaient d'inventivité afin de coiffer au poteau les écuries concurrentes, étaient aujourd'hui reléguées au rang de subalternes. « Ne pas en faire trop et obéir aux ordres », devenait leur maître consigne. Paradoxal. « Une grave faute de management », expliquera un militant filloniste, également chef d'entreprise.

« On a alors eu l'impression d'avoir été utilisés puis oubliés, souvent même méprisés », conclut pour sa part Muriel Reus.

Du statut de vilains canards objets de railleries durant plus de deux ans, les fillonistes venaient d'être désignés comme les nouveaux envahisseurs politiques à abattre. L'entrisme au QG était alors de mise. Les réseaux de résistance des « militants professionnels LR » se mirent ainsi en branle le soir même de la victoire de François Fillon, afin d'essayer de transformer leur défaite tactique en victoire stratégique. Alors que de nombreux militants se découvraient soudain un immense respect pour la personne et le programme de François Fillon, que d'autres exhibaient leurs soutiens passés à François Fillon afin de rejoindre les rangs des vainqueurs, -et ce en dépit de leur absence durant la campagne proprement dite-, d'autres, issus généralement des autres écuries, négociaient en coulisses afin d'écarter les fillonistes historiques et de s'arroger leur poste. En parallèle, au sein même des équipes Fillon, un certain nombre de personnes qui avaient parfois obtenu leur poste davantage en raison d'un manque de candidats durant la campagne que du fait de leurs propres qualités de leadership, espéraient cadenasser désormais leur sphère de pouvoir afin d'empêcher les têtes émergentes d'être promues durant la campagne présidentielle.

Certains cadres reprochent toujours à François Fillon de ne pas les avoir suffisamment défendus, alors que les autres écuries faisaient montre d'une certaine solidarité. François Fillon aurait-il été soudain naïf au point de croire que les différentes équipes fusionneraient spontanément et qu'aucune d'entre elle ne chercherait à prendre la main sur les autres? Ou était-il tenu à l'écart de ces considérations pratiques par Patrick Stefanini ou quiconque d'autre?

« Il y a eu une bunkérisation chez les 'jeunes avec Fillon' [historiques], ils ont voulu se répartir les postes entre eux et éliminer tous ceux qui pourraient leur faire de l'ombre. Ils m'ont chassé du QG à cause de ça », estime par exemple Louis Betton. A cette époque, le président des Jeunes avec Fillon, Cédric Rivet-Sow, était en effet mentionné comme possible prétendant à la présidence des Jeunes républicains.  S'entourer de ses propres fidèles serait devenu une priorité en termes de politique politicienne afin de viser le poste tant convoité. Louis Betton avait ainsi fait les frais de cette stratégie politicienne, et fut écarté de la campagne. Bien d'autres personnes se retrouvèrent dans ce cas de figure, poussées de ce fait pour certains dans les bras du mouvement En Marche. Encore peu visible, et en quête de talents pour mener la campagne.

Alors que la victoire probable à la présidentielle se rapprochait, les carriérismes imposaient de fait leur loi. Les luttes internes ont commencé à ébranler les premiers cercles des équipes Fillon historiques, avant même que les intérêts individuels et collectifs des autres écuries des Républicains n'entrent en ligne de compte.

En local, des frictions commençaient en outre à apparaître dès le lendemain du second tour entre les responsables fillonistes, qui avaient la légitimité de la victoire et espéraient peser davantage dans la campagne présidentielle, et les « barons locaux » et autres « militants professionnels » du parti, qui avaient pour beaucoup le solide appui de leurs chefs respectifs. Outre la fâcheuse habitude au sein des fédérations, qui consiste à éliminer des intrus gênants dans leurs circonscriptions. Leurs baronnies électorales.

« On est en train de se faire baiser par les juppéistes », hurlait au téléphone en décembre 2016 une militante filloniste, alors que ses prérogatives lui étaient retirées l'une après l'autre.  Les appels paniqués en provenance des différents comités de soutien en province se multipliaient alors au QG de campagne en ce début décembre 2016. Beaucoup se plaignaient d'être écartés par les équipes des caciques locaux, qui eux-mêmes voyaient d'un mauvais œil la légitimité électorale récemment acquise par les militants fillonistes.

# Les «radicalisés», chronique d'une lapidation politico-médiatique

Dès décembre 2016 et janvier 2017, Guillaume Renondin s'était entretenu à plusieurs reprises avec Patrick Stefanini afin de lui faire part des nombreuses défections de militants fillonistes issus de la « société civile avec Fillon » en faveur d'En Marche qui fragilisaient les comités 'Société civile avec Fillon.' Frustrés d'être si souvent éconduits, assez maladroitement, voire violemment, par certaines fédérations LR habituées à un confortable entre-soi, ces fillonistes, primo-militants pour la plupart, trouvaient du réconfort auprès des jeunes comités macronistes, en sous effectifs et encore mal structurés. Ils amèneront avec eux leurs compétences, leur solide expérience militante fraîchement acquise et l'énergie intense que leur ont données à la fois leur victoire et leur déconvenue post-primaire.

Guillaume Renondin fut ainsi contacté à plusieurs reprises par des membres d'En Marche, désireux à la fois d'affaiblir la droite et d'enrichir leur équipe programmatique.
« Plusieurs fois, des gens m'ont glissé à l'oreille l'idée de créer des comités 'Les Femmes avec Macron.' On me demandait pourquoi moi, une femme libre, je ne rejoignais pas les équipes de celui qui étais considéré comme l'homme d'avenir, Emmanuel Macron. Mais il était hors de question de rompre avec tous ces sympathisants et surtout ces primo-militants aux côtés de qui je m'étais engagée depuis deux ans », explique également Muriel Reus. Ces demandes se feront par ailleurs de plus en plus insistantes après le 25 janvier.

Avoir confié la campagne aux seules fédérations et avoir négligé les équipes fidèles préexistantes reste, aux yeux de beaucoup de fillonistes, l'une des erreurs majeures commises par Patrick Stefanini durant la campagne présidentielle.

Du côté des sarkozystes, l'impression d'être mis sur le banc de touche est palpable. « Je ne comprends pas cette volonté de Stefanini de vouloir les humilier », se demande même Madeleine de Jessey. Alors que beaucoup d'entre eux ont contacté les équipes du QG afin de prendre part à la campagne, - localement en province ou au QG parisien -, ils furent chaque fois renvoyés dans les cordes par un Patrick Stefanini qui aurait « changé du tout au tout sa façon d'être. » De même, les militants de Jean-Frédéric Poisson et de Nathalie Kosciusko Morizet ont été laissés relativement à l'écart par le directeur de campagne.

Début janvier 2017, alors que commençait l'installation des équipes au sein du nouveau QG de campagne, aux 4e et 5e étages d'un bâtiment assez terne de la rue Firmin Gillot, - hiérarchisé et cloisonné « à l'image d'Alain Juppé »- , les militants fillonistes découvraient à leur tour les effets de la gueule de bois. Un réveil difficile.

Ainsi, le lundi 9 janvier 2017, au terme d'un bureau national, Vincent Le Roux a promptement

« débarqué » devant les équipes de campagne afin de dérouler, trente longues minutes durant, ses propres recettes afin de mener une campagne. L'ancien directeur de cabinet d'Alain Juppé prenait ainsi ostensiblement la main sur la campagne. « C'était ennuyeux. C'était comme s'il nous prenait pour des amateurs. On ne le connaissait pas et du jour au lendemain il allait nous gérer », se souvient Héloïse Maindiaux. Présentation technocratique et surchargée. La nouvelle organisation de campagne en cours de gestation paraissait un non-sens aux yeux des fillonistes canal historique. « Quand un des BLM nous a fait la morale en prétendant qu'il fallait absolument qu'on fasse des diaporamas powerpoint pour être plus efficaces, parce qu'il savait mieux que nous organiser des équipes, j'ai juste levé la main et déclaré : 'je comprends maintenant les ridicules 2-3 % de BLM à la Primaire' ! », ajoute la jeune femme, dissimulant de plus en plus difficilement derrière son visage doux et ses cheveux blonds parfaitement lissés un esprit assez caustique. « Ils disaient qu'ils étaient là pour révolutionner le programme, se prétendaient plus intelligents que nous. Ce n'est que de la soupe intellectuelle tout ça ! »
De plus, les juppéistes exigeaient d'avoir des hommes à eux auprès de chaque référent départemental de la campagne Fillon. Pour « se faire fliquer », considéraient les fillonistes. Les leméristes s'empresseraient d'approuver la proposition, et de surenchérir en exigeant la même chose pour leurs propres équipes.

Inévitablement, vers la fin janvier, un nouveau et violent ballet de coups de téléphone allait agiter le QG. Les groupes fillonistes de province donnaient à nouveau de la voix. « Pour qui vous vous prenez à Paris de vouloir faire sauter notre organisation ? », demandait une jeune responsable filloniste. Littéralement survoltée. « C'est quoi ce bordel », renchérissait un autre. Un peu perdu. Le responsable des jeunes leméristes, Paul Guyot, avaient en effet profité du flottement de la réorganisation et de la pause du week-end afin d'imposer subrepticement ses propres référents dans chaque département. Sans concertation aucune avec les décideurs 'officiels' du QG. Un quasi-coup d'État qui ne s'assume même pas. Naturellement, les personnes qui avaient déjà été installées à la tête de comités jeunes avec Fillon étaient furieuses. Elles avaient en effet tout le mal du monde à s'imposer auprès d'équipes souvent réticentes, rancunières et séditieuses, et voyaient un beau matin leur autorité remise en cause par 'Paris.' Sommé par les « plus âgés » d'intervenir, Vincent Le Roux a été contraint de calmer les ardeurs de ses remuants fantassins. Peine perdue.

Les anciennes équipes de Bruno Le Maire ont de même constamment cherché à imposer leur façon de faire. « Les leméristes avaient réussi à mailler le territoire suite à leur score important face à Nicolas Sarkozy pour la présidence du parti, et ils espéraient noyauter de l'intérieur les comités de campagne pour gagner encore en puissance », se souvient Antoine de Chemellier. L'ambiance au sein du QG de campagne empirait de fait de semaine en semaine.

Les «radicalisés», chronique d'une lapidation politico-médiatique

Au cours du mois de janvier, et a fortiori à partir de février, les juppéistes, et tout particulièrement ceux qui étaient rémunérés par les équipes Fillon, paradaient ainsi à longueur de semaine avec leur PC portable sous le bras. Ils discutaient, prenaient des cafés, voulaient avant tout être ostensiblement présents tout en ménageant notoirement leurs efforts.
Deux catégories de militants se côtoyaient, séparer le bon grain de l'ivraie semblait désespérément impossible. Les « intouchables », ces protégés de Patrick Stefanini, paradaient inexorablement devant des fillonistes 'historiques' décontenancés.

Au niveau du pôle projet l'ambiance était, dans les grandes lignes, assez similaire. Le le’mériste Olivier Bouchery, le juppéiste Maël de Calan, le cadre de Sens commun Marc Leroy et Isabelle Schmid y coordonnaient ensemble les travaux menés par les comités thématiques afin de compléter et d'adapter le programme présidentiel des Républicains. Bien vite, Olivier Bouchery commença cependant à vouloir imposer sa méthode de travail. Arbitrairement. Décrit comme très rigide, inflexible et autoritaire, cet ancien responsable des ressources humaines passait le plus clair de son temps à contrôler la méthode de travail des autres membres de pôle et à faire des réflexions. Parfois vexantes, aux dires de certains.

« Un moment j'en ai eu ras-le-bol et je lui ai dit : ' écoute, on est content de savoir comment on fait pour perdre avec le programme de BLM, mais nous on préfère notre méthode pour faire gagner le programme de Fillon. Quand on fait 3 %, et nous 44 %, alors on se la ramène pas trop, hein !' », se souvient avoir lancé l'une des cadres de la campagne, en réponse à une autre de ses sempiternelles critiques. Olivier Bouchery fut néanmoins soutenu dans cette querelle par François Bouvard, et une initiation au logiciel utilisé par les équipes de Bruno Le Maire fut planifiée à des fins d'apaisement. « Olivier Bouchery utilisait Google Office sur le cloud afin de gérer des flux parallèles participatifs, et j'ai trouvé l'idée intéressante. Mais l'équipe Fillon, un peu plus âgée, était moins réceptive à ces outils et la mayonnaise n'a pas pris », se souvient l'un des dirigeants de la société civile.

A son crédit, Olivier Bouchery fut un travailleur acharné. Il était par exemple capable de compiler efficacement en un tout cohérent des centaines de rapports provenant de diverses organisations de santé. Avec méthode. Seulement, la forme que prenait le travail l'intéressait parfois davantage que le contenu théorique de la campagne. Un technicien, en somme, qui a cependant « porté efficacement la campagne de Bruno Le Maire. »

Marc Leroy fut également très présent, mais davantage « agréable », à en croire une cadre filloniste. Conciliant son intense activité militante avec sa vie professionnelle déjà très active, il livra ses réflexions et compilations en temps et en heures, tout en étant force de propositions. C'est d'ailleurs lui qui aurait rebondi sur les révélations du journal Novaïa Gazeta, le 1er avril 2017, révélant la purge initiée par le gouvernement de Grozny et la stigmatisation dont souffrent les homosexuels en Tchétchénie. Choqué, il avait proposé à François Fillon de prendre fortement position en leur faveur.  « Il racontait beaucoup de blagues et apportait sa bonne humeur au groupe. C'était assez réjouissant en ces temps de campagne présidentielle », se remémore avec joie une cadre qui le côtoyait.  Cette dernière a été surprise de découvrir un militant de Sens commun qui n'avait pas fait la manif' pour tous, « mesuré et intelligent, jamais choquant. » Loin de l'image d'Epinal qu'elle avait elle-même du mouvement avant la campagne. « Les médias ont réussi à mélanger Sens commun et Civitas dans l'esprit des gens, ce qui est terrible pour les gens qui ont côtoyé les militants de Sens commun au quotidien. » Des soutiens de François Fillon issus des rangs de la gauche auraient alors insisté auprès de François Fillon pour que Madeleine de Jessey prenne la parole, en vue de dissiper autant que faire se peut le malentendu. Les équipes de communication refusèrent pourtant cette proposition, afin de ne pas disperser le message de la campagne.

Maël de Calan, en revanche, était assez transparent, expliquent les participants à la campagne. « Maël est toujours celui sur lequel il fallait pleurer pour avoir les travaux. Il aurait été très peu présent et assez inutile. » De fait, à en croire plusieurs personnes au QG, Maël de Calan aurait été présent parmi eux uniquement afin d'occuper un poste clé au cœur du système Fillon, et transmettre ce faisant des informations sur le déroulement de la campagne aux cercles juppéistes restés dans l'ombre.

« Bruno Le Maire a pour habitude de placer ses fidèles, qui lui sont par la suite reconnaissants et le soutiennent. Alors que François Fillon n'est pas dans cette logique là, et pas mal de fillonistes ont ressenti à ce moment un certain sentiment d'ingratitude à leur égard », se souvient Antoine de Chemellier. Pour bien des militants fillonistes, le vase de leurs griefs était déjà bien rempli.

## 2.   La stratégie de Patrick Stefanini : la division?

« La campagne de Patrick Stefanini c'est un peu l'auberge espagnole, les militants historiques les plus motivés ont été dégagés et les autres n'avaient aucune envie de faire campagne », se souvient l'une des principales figures de la campagne, devenue très critique depuis à l'égard de Patrick Stefanini et de François Fillon lui-même. De fait, il ne souhaite pas être nommé et a rejoint depuis les rangs des sympathisants d'Emmanuel Macron. « Fillon s'est totalement coupé des équipes qui l'avaient fait gagner, et s'est entouré des gars de Stefanini. Il ne nous a même pas félicités ensuite, n'est pas venu nous dire bonjour ou nous encourager durant la campagne et nous a abandonné aux juppéistes. Alors qu'il aurait fallu en 'tuer' un pour en effrayer mille, les faire rentrer dans le rang. Si on m'avait laissé faire j'aurais débarqué dans les fédérations et j'aurais tiré une balle dans la tête à certains. Au sens figuré, bien-sûr. Sarkozy ne s'embarrassait pas pour le faire. Fillon, lui, s'est effacé. »

« Un cadeau de Stefanini à la trésorerie d'Alain Juppé », s'amusaient de temps à autre les militants fillonistes, afin d'essayer d'oublier l'austérité typiquement bureaucratique du QG qu'ils occupaient. « Ce QG est à l'image d'Alain Juppé, et pour cause ses équipes étaient persuadées d'avoir déjà gagné l'élection présidentielle et n'avaient rien trouvé de mieux que de le louer jusqu'en mai 2017. Patrick Stefanini leur a fait une fleur », complète une cadre. Deux étages s'y opposaient, semble-t-il. Les élus et autres responsables du premier cercle occupaient, en vase clos, le 5e étage. Les militants se bornaient au 4e étage. Un plafond de verre interdisait à la « société civile avec Fillon » de pénétrer le Saint-des-Saints de Patrick Stefanini. Pierre Danon lui-même ne montait pas au 5e étage, et ce sont les parlementaires proches de la société civile qui faisaient le lien entre les deux mondes. La logique Juppé. L'élitisme à outrance. Les « huiles » se trouvaient ainsi au sommet, tandis que les militants restaient à leurs pieds.

Alors que l'ancien QG était une véritable fourmilière où chacun collaborait dans une ambiance électrique, celui-ci était davantage clivé. Morne. Alors que les week-ends étaient jadis mis à profit, le QG était désormais morne dès le vendredi soir. Les deux étages communiquaient péniblement, et la société civile au 4e étage semblait contrainte à mener une campagne présidentielle parallèle. Les équipes de François Fillon s'y sont en outre immédiatement trouvées isolées, bousculées par les autres clans.

En outre, Patrick Stefanini avait rapidement commencé à mettre sur pied des groupes parallèles. « Il a par exemple créé son propre groupe-projet traitant des questions de Sécurité en plus de celui que j'animais depuis la Primaire, sans me prévenir, et il a fallu que je lui signale que je voulais y assister aussi », explique une cadre. « Bon, il a accepté ! »
« Stefanini a voulu recaser ses copains et leur permettre de gagner quand même la Primaire », explique Carole Valette, « depuis décembre les juppéistes se réunissaient entre eux pour réfléchir à chaque option susceptible de renverser la vapeur ou de faire reculer Fillon, et ils avaient semble-t-il même un canal de discussion sur internet pour se coordonner nommé 'Juppé Forever.' Pas mal de personnes à la mairie de Bordeaux en parlaient, mais on n'a jamais réussi à le trouver et à savoir ce qui s'y disait vraiment. »

Alors que les juppéistes prenaient la main à tour de bras, les suggestions des fillonistes perdaient de la valeur aux yeux du directeur de campagne. Diviser pour mieux régner semblait être la nouvelle stratégie de Patrick Stefanini. Nier les apports des fillonistes afin de mieux légitimer les juppéistes se révélerait pourtant être une stratégie coûteuse.

Déjà en décembre 2016, Loïc Leprince-Ringuet s'adressait au directeur de campagne, lui proposant d'organiser une opération destinée à exposer plus précisément les tenants et aboutissants du programme de François Fillon aux militants des différentes fédérations de l'hexagone. Ainsi, selon lui, diverses peurs et fausses vérités véhiculées par les médias seraient plus facilement désamorcés auprès des militants des autres écuries. « Oui, oui, tu as raison », lui répondit Patrick Stefanini sur un ton quelque peu léger, voire quasiment condescendant à en croire le récit qu'en fait Loïc Leprince-Ringuet. Avant d'enterrer de facto la proposition par l'oubli. « Et le pire, quand j'ai lu son bouquin, c'est qu'il n'était même pas capable de se souvenir de mon nom, et il s'est trompé. Il m'appelle 'Loïc Lefloch-Prigent', ce n'est pas très sérieux... », conclut-il.

« La préoccupation première de Patrick Stefanini était de créer un organigramme avec 40 personnes par fonction, une vraie armée mexicaine. On ne savait pas à contrario où était notre place, nous les militants qui avions fait gagner François Fillon », se souvient-il. En parallèle, le directeur de campagne a tenu à confier l'animation de la campagne aux fédérations LR, ce qui par exemple à Levallois-Perret subordonnait Loïc Leprince-Ringuet à son vieil adversaire Patrick Balkany.

« On a vite compris qu'il faudrait faire une double campagne, hors du parti, comme durant la primaire ! » Ainsi, le principal opposant au sarkozyste Balkany doit-il s'approvisionner en tracts et fournitures militantes à Bois-Collombes, s'appuyant sur le réseau « société civile avec Fillon » et les cadres fidèles, afin de contourner les freins et barrières posés par la fédération LR de Levallois-Perret.

Patrick Stefanini laissait faire, semblant se complaire de la perte d'influence des soutiens de François Fillon. Ce qui semble être l'objectif principal des réseaux juppéistes, sans doute en vue de faire du président de la République annoncé, François Fillon, leur 'marionnette', ou d'infléchir du moins le déroulement de la campagne présidentielle en fonction de leurs propres intérêts. Ou tout simplement d'essayer de la couler, comme ce sera le cas.
Alors que Guillaume Renondin s'inquiétait, à l'instar d'autres fillonistes, et qu'il réitérait durant une réunion ou auprès de Pierre Danon ses mises en garde concernant une possible 'fuite des bras et des cerveaux' en faveur d'En Marche, Patrick Stefanini éconduisait *in fine* systématiquement ces remarques. « Négligeable ! », répondit sèchement le directeur de campagne à la fin du mois de janvier 2017, comme pour sommer à nouveau les importuns de passer à autre chose.

# Les «radicalisés», chronique d'une lapidation politico-médiatique

« Plusieurs fois, des gens m'ont glissé à l'oreille l'idée de créer des comités 'Les Femmes avec Macron.' Il y a eu quelques appels du pied durant la campagne par des macronistes », se souvient pour sa part Muriel Reus. Loin d'être la seule dans ce cas.

Lorsque les jeunes avec Fillon proposèrent à Patrick Stefanini de débuter la campagne sur le terrain dès janvier 2017, -leurs actions étant moins médiatisées et donc plus libres vis-à-vis des journalistes-, Patrick Stefanini refusa également en bloc.

« Il y a vraiment eu deux Patrick Stefanini, celui d'avant la victoire et celui d'après. Pendant la présidentielle, il était réellement infect », se souvient ainsi une militante.

Outre « l'armée mexicaine de Stefanini » et les injonctions programmatiques des fidèles d'Alain Juppé, d'âpres négociations s'engageraient en effet entre l'UDI et les Républicains afin de clarifier la position de chacun dans la course à l'Élysée. Autant de temps perdu en vain, que les équipes Fillon ne pourront jamais rattraper à partir de février 2017. Les « affaires » les empêcheront en effet de déployer leurs argumentaires auprès de la population, qui devra se contenter de défricher les poncifs véhiculés par les médias mainstream.

« On est resté sans informations sur la ligne stratégique à suivre, se souvient Muriel Reus, tandis que Patrick Stefanini réorganisait les cadors pour que tout le monde soit sur la photo de classe. Quand on recevait enfin un mail de François Fillon,  c'est presque si on ne l'encadrait pas. »

En décembre 2016, les fillonistes historiques étaient pourtant sur le pont afin de continuer tambour la campagne. Tout était techniquement prêt, et leur enthousiasme allait croissant. Beaucoup de personnes demandaient des tracts ou des affiches, afin d'aller à la rencontre de français souvent sceptiques, mais pas foncièrement hostiles à François Fillon. Seules les errances liées à la stratégie de division des écuries menée par Patrick Stefanini, aux jeux de politique politicienne devenus monnaie courant au sein du parti 'Les Républicains', et aux errances du programme présidentiel de François Fillon, retarderont le lancement de la campagne proprement dite.

« Dans son bouquin, Stefanini se donne le beau rôle, il excuse toutes ses erreurs et renvoie la faute sur les autres, alors qu'il a été l'un des artisans de la défaite  », conclut l'une des cadres présente au QG.

### 3.     Identité heureuse contre identité française

« Il a fallu mener des centaines d'auditions pour éteindre les incendies que Juppé avait allumés », explique une cadre de l'équipe projet, visiblement énervée à la seule évocation de cette période difficile.

Dès la fin 2016, beaucoup d'énergie a du être déployée afin de clarifier les points qui avaient été, -souvent avec beaucoup de mauvaise foi-, critiqués par Alain Juppé. Pendant ce temps, les juppéistes prenaient prétexte de toutes ces braises dans l'opinion publique pour exiger une inflexion du programme. Une stratégie du pompier pyromane. « Juppé avait pris un texte tronqué sur le web pour dénoncer la réforme de la sécurité sociale de François Fillon. Il manquait le mot 'notamment'. Du coup, on a davantage débattu de la question du 'petit rhume' et du 'gros rhume', plutôt que du bien fondé de la réforme. Les médias ont repris et répété ça sans réfléchir, et en ont fait un poncif de plus. D'ailleurs, Macron a plagié notre programme de réforme de la sécurité sociale après la présidentielle, et avec lui les médias ont trouvé ça très bien », se souvient une cadre parisienne. « Quelle mauvaise foi. »

Il aura fallu 15 jours après la victoire de François Fillon pour imposer les bases du programme présidentiel. Les autres écuries étaient en effet arc-boutées sur leurs propres idées, pourtant rejetées quelques jours plus tôt par les électeurs de droite et du centre à la Primaire. Ci et là, des responsables tiers prenaient déjà sur eux de publier des tribunes afin de dénoncer le programme. Rajoutant à ce joyeux désordre organisé, les porte paroles de la campagne recevaient assez peu d'instructions et d'éléments de langage durant les premières semaines. Ils « devaient naviguer à vue», ajoute Muriel Reus. De là découlent pléthore de déclarations erratiques, voire contradictoires.

Rapidement, cependant, 40 ateliers furent mis en place afin de consolider le programme présidentiel de François Fillon. Ils furent répartis entre quinze thématiques, eux mêmes placés sous la direction du pôle projet. « Nous n'avions pas divulgué durant la campagne l'existence des quinze pôles thématiques pour ne pas parasiter avec la promesse de quinze ministères qu'avait faite François Fillon », précise Viviane Chaine-Ribeiro, présidente du Syntec et figure importante du Medef.

Viviane Chaine-Ribeiro prit en main l'atelier intitulé « Pôle social et droit du travail », couvrant également les thématiques liées aux jeunes, au commerce, au travail indépendant et au chômage. en compagnie d'Isabelle Le Callenec et de Vincent Chriqui. Étant de plus porte-parole de François Fillon, Viviane Chaine-Ribeiro put alimenter les réflexions du groupe de travail avec les questions et remarques qu'elle entendit à travers tout le pays. Présidente du syndicat Syntec associé au Medef, regroupant les entreprises de haute technologie, et elle-même chef d'une entreprise de logiciels, elle apportait à la fois son expérience et une caution morale au groupe. « Cherchée », comme elle se plait à dire, par Jérome Chartier en 2015, et rejoignant d'emblée François Bouvard, elle n'eut de cesse ensuite de faire campagne en faveur de François Fillon. 50 % de son emploi du temps y était consacré, explique-t-elle.

En lien avec des centaines de chefs d'entreprises et de représentants des employés, elle eut à cœur de « contribuer à réaliser un programme qui correspondrait aux vrais problèmes et interrogations des actifs d'aujourd'hui et de demain. » Elle accompagna notamment François Fillon à Las Vegas à l'occasion du Consumer Show, essayant de mieux comprendre les motivations des jeunes talents français qui s'expatrient afin de créer leurs entreprises technologiques. Trois jours entiers à écouter les entrepreneurs, les jeunes et des montagnes de griefs à l'encontre du système français. Trop coercitif et confiscatoire. Puis ce fut au tour des VTC, des fédérations professionnelles, des corporations ou des syndicats. Une somme d'intérêts particuliers, parfois antagonistes, à prendre en compte et à synthétiser. « J'ai eu la chance d'être aidée par mes collaborateurs. Dans mon entreprise, ils étaient assez fiers de mon engagement et n'hésitaient pas à venir me prêter main forte ! » A l'inverse, explique-t-elle, les journalistes n'écoutaient pas. C'est l'impression qu'elle affirme avoir eue au gré des meetings et autres conférences de presse au cours desquels elle prit la parole. « On avait beau essayer de leur parler de notre programme et des réformes structurelles que l'on préconisait pour redresser la France, ils s'intéressaient avant tout aux 500'000 postes de fonctionnaires que l'on voulait supprimer. Ils n'étaient que sur le sensationnel, ce qui fait vendre. » Au grand dam des équipes Fillon. « Il y avait beaucoup d'aspects sociaux dans le programme de François Fillon, sur la famille monoparentale ou le handicap par exemple, sur le logement, en faveur des petits commerces ou pour le RSI. C'était un vrai programme avec de bonnes idées qui auraient réellement profité à tous les français », renchérit-elle.

En fonction de la « typologie de la salle » et de la région concernée, les meetings de campagne prenaient des formes très variées. Tantôt, la CSG et la TVA représentaient l'essentiel de l'intervention, tantôt il s'agissait davantage de la question de l'auto-entrepreneuriat et du travail libéral. Face à des parterres de chefs d'entreprise, le dialogué était de mise. Face à certains publics éloignés de l'emploi et qui « perdaient confiance envers le politique », c'est l'écoute attentive qui primait. Des réunions au QG clôturaient ces traversées de la France, afin de partager avec les autres militants de la campagne toutes les expériences acquises. Mises bout à bout, toutes ces séquences s'avéreront extrêmement chronophages, et Viviane Chaine-Ribeiro . « A partir de décembre 2016, j'ai passé 20h sur 24 sur la campagne. Et c'était encore pire les dernière semaines, quand il fallait tout donner pour gagner. Je n'en dormais plus la nuit, parfois », se souvient l'énergique chef d'entreprise.

En janvier 2017, Marguerite de Jessey prenait la tête des comités de soutien « La France silencieuse. » « Ça me tenait à cœur. C'est un électorat assez bourgeois qui a fait élire François Fillon à la Primaire, et il fallait désormais cibler davantage l'électorat populaire et rural pour la présidentielle», explique-t-elle. Pourtant, d'emblée un autre comité de soutien a été créé à l'initiative des Juppéistes : « La France plurielle. » Ces derniers auraient cherché ce faisant à infléchir le programme de François Fillon. « Patrick Stefanini disait que le second tour nous opposera Marine Le Pen, et qu'il fallait récupérer davantage les gens des cités que les ruraux. » La jeune porte-parole aurait ainsi senti une opposition de fond à ses propres initiatives, et au contraire un soutien tacite en faveur de « France plurielle. » Les interventions de Patrick Stefanini, de même, auraient été empreintes d'un certain parti-pris. « Je n'ai pas du tout aimé la façon condescendante et infantilisante avec laquelle Patrick Stefanini se permettait de me parler. On était en désaccord sur divers points de programme, mais ce n'était pas une raison pour se comporter ainsi. »

Les tracts du groupe de réflexion « France plurielle » mettaient ainsi l'accent sur les notions de diversité et de vivre-ensemble, avec quelques relents de communautarisme dans le ton, loin du programme de François Fillon qui prônait l'assimilation à la seule communauté nationale française. Il aura fallu toute l'énergie de Bruno Retailleau afin de rétablir péniblement les choses. « Les juppéistes n'en démordaient pas, ils voulaient appliquer leur fameuse 'identité heureuse', dont ne voulaient pas les électeurs de la Primaire. »

Ainsi, le mot « assimilation » a-t-il par exemple été purememt et simplement éludé de leurs supports de communication et des discours prononcés par les porte-paroles de la campagne proches d'Alain Juppé. « L'identité heureuse » semblait devoir purement et simplement supplanter « l'identité Française », alors que certains militants juppéistes se justifiaient en coulisses en présentant le multiculturalisme comme une situation de fait, qui serait immuable et qu'il conviendrait juste d'acter.

Sens commun, au contraire, avait à cœur de préserver le programme initial de François Fillon. « On avait des gens fiables dans l'organigramme, pour compléter les comités Défense, écologie, ou sur l'Europe, qui se réappropriaient l'héritage de la droite sociale séguiniste ! Mais les juppéistes étaient assez gênés de travailler avec nos contributeurs, et ne manquaient pas de le souligner et de s'opposer à eux », se souvient bien Madeleine de Jessey, elle-même rabrouée régulièrement par Patrick Stefanini.

Pourtant, les juppéistes tant valorisés par Patrick Stefanini ne se seraient pas fait remarquer pour la qualité de leur travail. Au contraire. Maël de Calan, figure juppéiste de premier plan qui avait tenté durant la campagne pour la présidence de LR de porter la voix de son maître, aurait ainsi été inutile. De Calan, qui fanfaronnait peu avant dans certaines fédérations LR en vantant la qualité de son travail de « dénonciation du FN » par le biais de son livre, aurait lors de la campagne été incapable de rendre la moindre analyse de qualité. « Il ne fournira aucun travail, n'arrivera pas à produire son travail. Il n'était même pas là aux réunions, ne répondait pas aux mails et n'était absolument pas impliqué dans la campagne », précisera à ce sujet Yves d'Amécourt.

La « France silencieuse » et les « agriculteurs avec Fillon » travailleront assez étroitement, tandis que la « France plurielle » sous l'égide des juppéistes s'emploiera à bloquer leur travail et à imposer de façon assez psycho-rigide un seul programme, davantage multiculturaliste et valorisant les banlieues.

« J'ai parlé avec Patrick Stefanini après la campagne. Sa thèse était que nous avons perdu parce que nous n'avons pas rassemblé les Républicains. Au contraire, je pense qu'on a voulu trop rassembler. On avait pourtant tout ce qu'il nous fallait, des parlementaires, des gens de tous horizons, des jeunes élus encore peu exposés. Patrick Stefanini a en tête un schéma assez traditionnel de la politique », explique l'un des dirigeants de la campagne Fillon, tout en estimant que le programme était très axé sur l'économie, et négligeait le domaine régalien et le social. Autant de domaines pour lesquels Patrick Stefanini aurait fait appel à ses propres contacts afin de combler les lacunes programmatiques. « Des gens de divers horizons, mais apportant avec eux un bagage chargé suite à leur défaite à la primaire. »

Retardé par tous ces errements et hésitations, le programme définitif de la campagne présidentielle ne sera disponible qu'à partir de mars 2017. Trop tard pour intéresser les médias, obnubilés par leur entreprise de lapidation médiatique, et préférant souvent recycler et user jusqu'à la corde les poncifs de la veille, plutôt que de travailler à défricher les propositions nouvelles de l'équipe de campagne.

Au sein de LR, il s'agissait de réaffirmer que François Fillon était le seul candidat légitime, et le seul chef. Ainsi, il n'y aurait plus de poste de président au sein du nouvel organigramme du parti. Bernard Accoyer, deviendrait secrétaire général, secondé par deux vice-présidents : Isabelle Le Callennec, députée filloniste du Finistère, et Laurent Wauquiez, ancien président par intérim.

## VI.  Une campagne « ubuesque »

« C'est le véhicule du FN », « ils sont antidémocratiques. » En présence de Madeleine de Jessey, Christian Estrosi et Thierry Solère ne mâchaient pas leurs mots. « Sens commun est antisémite », aurait même osé Fabienne Keller, afin de parachever une sorte de diabolisation ad Hitlerum. Se décrivant elle-même comme assez naïve et « préférant à titre personnel ne pas être exposée », Madeleine de Jessey aurait ainsi subi tout au long de la campagne les assauts des futurs macronistes. « C'est de la posture, l'apanage des mauvais perdants. » Les chiens de guerre marquent leur territoire.

De fait, chacun espérait tirer son épingle du jeu et éliminer pour ce faire par tous les moyens les concurrents au sein des Républicains. Une recomposition politique se faisait, et le repositionnement des juppéistes sur le centre de l'échiquier politique -eux qui se disaient quelques semaines auparavant proches de Sens commun - leur permettait de se démarquer de la nouvelle direction du parti. Certains cadres issus des rangs de l'UDI trouveraient eux-mêmes qu'Alain Juppé se « gauchisait » trop, à l'instar de Pascal Berillon, élu près de Bordeaux.

La cohabitation entre anciens rivaux s'annonçait d'emblée assez rude.

Afin de faire face aux nouveaux défis de la campagne présidentielle, c'est à dire à la fois intégrer la masse des nouveaux arrivants et maintenir l'esprit d'émulation qui règne au sein des comités de soutien Fillon une nouvelle organisation a dû être mise en place : les comités présidentiels. Dans chaque département, un responsable de la société civile travaillerait de concert avec un responsable des Républicains, le tout sous la supervision des fédérations locales. Mais, en réalité, le parti reprenait la main sur la campagne et, de facto, s'arrogeait une capacité de nuisance. Certaines fédérations ne se priveraient pas d'exercer ce droit de blocage. Selon l'expression qu'utiliseront plus tard les 'constructifs' afin de qualifier leur action, ils ont tout mis en œuvre afin de « pourrir » la campagne.

« Je fais de la politique depuis 30 ans, c'est pas vous qui aller m'apprendre comment faire », lançait un sénateur du Var à Carole Barisone, déléguée Fillon locale, afin de marquer son territoire. La veille, la dynamique responsable Société civile pour le Var désignée par Patrick Stefanini faisait en effet la Une de Var Matin. D'aucuns lui prêtaient désormais une ambition politique. « J'ai voulu me faire connaître pour augmenter ma légitimité, et les LR se sont sentis menacés », confie-t-elle.

96

« Près de 80 % des personnes qui ont fait la campagne dans les Pyrénées-Atlantiques ne sont pas encadrées chez Les Républicains, et une bonne part n'ont jamais milité auparavant », ajoute pour sa part Corine Martineau.

Afin de faire face aux nouveaux défis de la campagne présidentielle, c'est à dire à la fois intégrer la masse des nouveaux arrivants et maintenir l'esprit d'émulation qui règne au sein des comités de soutien Fillon une nouvelle organisation a été mise en place. Les comités présidentiels. Dans chaque département, un responsable de la société civile travaillerait ainsi de concert avec un responsable des Républicains, le tout sous la supervision des fédérations locales. En réalité, le parti gardait la main sur la campagne et, de facto, détenait une capacité de blocage. Certaines fédérations ne se priveraient pas, selon l'expression consacrée qu'utiliseront certains 'constructifs' plus tard, de « pourrir » la campagne. « Les LR ont fait le jeu de Macron pour sauver leur poste, de peur que les fillonistes ne les évincent, mais les législatives tourneront pourtant à la catastrophe pour eux. Quel gâchis ! », en conclut Carole Barisone.

## 1.   Le manque d'engagement de certaines fédérations

« Cathos », « homophobes », « intégristes », « retour au moyen âge », « droits des femmes », etc. A la jeune élue, cachant mal son idéalisme sous un visage très doux de jeune femme de 28 ans, un peu réservée, répondaient les sourcils froncés et les questions acerbes de jeunes lemléristes sceptiques. Marguerite Chassaing de Courville, conseillère départementale du Nord et membre de Sens Commun, participait en janvier 2017 à une réunion destinée à défricher la nature et les positions de son mouvement, aux cotés d'André-Paul Leclerc, conseiller régional des Hauts de France et ancien membre du conseil d'administration de l'association familiale Mulliez. Face aux juppéistes déchaînés, pourtant, le dialogue s'avérait impossible ce soir-là.

L'énergie de la jeunesse mêlée au poids de l'expérience. Dans la petite salle de la permanence des Républicains de Lille, l'ambiance était lourde. Alors que les juppéistes et, dans une moindre mesure, les lemléristes, critiquaient abondamment les fillonistes réduits aux seuls militants de Sens Commun, les deux élus espéraient clarifier les choses et rassurer les autres camps. Face à eux, une quarantaine de militants et de curieux avaient fait le déplacement. Beaucoup de jeunes, en particulier, qui opposaient aux argumentaires des deux élus un refus obstiné, teinté ci-et-là d'une bonne dose de mauvaise foi. L'une des jeunes militantes lemléristes n'avait-elle d'ailleurs pas été aperçue quelques temps auparavant au meeting lillois d'Emmanuel Macron, drapeau français vigoureusement agité près du premier rang et affichette 'Macron' à la main. « J'y étais allée par curiosité mais jamais je ne soutiendrais un arrogant qui traite les ch'tis d'alcooliques illettrés », s'était elle alors défendue, face à l'incompréhension légitime de certains militants.

A la posture assez charismatique et quelque peu paternelle de l'ancien directeur du développement de l'entreprise ImmAuchan, André-Paul Leclerc, répondaient la vulgarité d'un bras d'honneur ostensiblement réalisé depuis le fond de la salle par l'une des figures juppéistes locales. Quolibets ponctués de quelques 'noms d'oiseaux'. « Qu'il aille se faire foutre, allez, on part ! », lança finalement le jeune homme en guise de justification au terme d'une longue séquence de reproches. A mi-séance. Ce jeune juppéiste ne fera par ailleurs finalement jamais campagne pour la droite avant la fin du premier tour, se contentant de critiquer vertement François Fillon, puis s'engagera au contraire fortement, - 'officiellement' -, en faveur d'Emmanuel Macron dès l'annonce du résultat du premier tour de l'élection présidentielle.

Un exemple typique qui peut être transposé à l'identique au gré de toutes les fédérations de France. Les juppéistes et leméristes assureront le service minimum, refuseront de faire campagne pour la droite, ou passeront tout simplement chez l'adversaire.
Ainsi, à Marseille, la permanence parlementaire de Guy Tessier dut être aménagée afin de servir de point de collecte pour les tracts et matériels militants, en lieu et place de la fédération LR locale. Cette dernière brillera en effet par son absence.

Dans les premières semaines, les leméristes ont au contraire souvent joué le jeu. Afin de pratiquer l'entrisme, ou par respect de la parole donnée. A la Roque-d'Anthéron, par exemple, ils feront campagne de manière dynamique en faveur du programme de François Fillon. Ne manquant pas de critiquer au passage Emmanuel Macron et de pointer son programme erratique voire inexistant. Ce n'est qu'après la défection de Bruno Le Maire qu'ils s'adonneront à leur tour à l'exercice de la pirouette programmatique, trouvant du jour au lendemain mille qualités au mouvement En Marche et autant de défauts à l'encontre de la campagne des Républicains.

Dans beaucoup de départements, les réunions publiques lancées à l'initiative des fédérations locales se comptaient sur les doigts d'une main. « Les gros meetings et les réunions des porte-paroles étaient organisées depuis Paris. C'est Force Républicaine qui faisait campagne sur le terrain », ne manque pas de préciser Gilles Boussac, responsable des comités société civile dans les Bouches-du-Rhône. Ancien responsable de plans-produits et de la stratégie-marque au sein du groupe PSA, Gilles Boussac est un spécialiste de la conduite de projets. C'est d'ailleurs ce qui avait conduit Pierre Danon à lui confier cette responsabilité. L'atonie de la fédération lui a donc particulièrement pesé. « Quand Jérôme Chartier est venu à Marseille, la fédération n'a même pas transmis l'information à nos propres militants. Il a fallu faire tout le travail nous-mêmes, en partant du principe que la fédération ne nous aiderait pas », explique-t-il. Avec 40 personnes en janvier 2017 pour couvrir tout le département des Bouches-du-Rhone. Une gageure.

De même, dans le département du Nord, la campagne fut chaotique. L'on y retrouve tous les biais qui ont entaché la campagne, depuis les luttes d'égo jusqu'aux opportunismes, en passant par les divisions entre fédération, écuries et groupes fillonistes. Un cas d'école.

Le responsable de la fédération Les Républicains, Gérald Darmanin, sera en effet invisible durant la première phase de la campagne et s'emploiera essentiellement à la bloquer. Le maire de Tourcoing se cantonnait à un rôle de figuration et de lobbyiste, organisant symboliquement une seule réunion destinée à coordonner toute la campagne. Le jour de la réunion publique à Marcq en Baroeul, Gérald Darmanin réussit l'exploit de soutenir « officiellement » François Fillon, sans jamais citer son nom. Officiellement, il souhaitait rester neutre du fait de son poste, mais critiquait pourtant allègrement François Fillon en sous-main. « Tout était mal organisé, et j'avais même du me constituer ma propre liste de militants pour pouvoir faire campagne. C'était un bazar incroyable », se souvient ainsi Françoise Hostalier, ancienne référente durant la Primaire. Elle sera évincée dès la victoire de novembre 2016 par Sébastien Leprêtre, lui-même compétiteur en interne de Gérald Darmanin et de Marc-Philippe Daubresse. Un panier de crabes, typique du fonctionnement des Républicains.

« Les deux bataillaient surtout pour leur carrière politique. C'est pour cela que lorsque François Fillon est venu à Tourcoing [le 17 février], Gérald Darmanin n'avait prévenu personne. Il avait même refusé de nous transmettre des éléments de langage pour répondre à la presse. Darmanin avait surtout cherché à se ménager un futur poste de ministre en évoquant ses succès à Tourcoing, alors il avait court-circuité tous les autres ! Dans la foulée, il a commencé à taper sur Fillon au prétexte qu'il serait devenu trop libéral. » Le secrétaire départemental du parti, Bernard Gérard, a fait part les jours suivants de sa colère. Pourtant, Gérald Darmanin appellera au retrait de François Fillon dès le 2 mars. Des rencontres entre Gérald Darmanin, Édouard Philippe et diverses personnalités montantes de la droite auraient en outre été organisées dès la fin de l'année 2016 afin de participer aux recompositions internes, à en croire Bertrand Legrand, ancien conseiller municipal UMP de Tourcoing. Ce réseau sera au cœur des ralliements à En Marche durant la fin de campagne, ajoute Bertrand Legrand.

La société civile avec Fillon dans le Nord faisait, comme dans beaucoup d'autres départements, une campagne à part. «L'équipe de Rozel [Hervé Rozel, responsable de la société civile dans le Nord] ce sont des ambitieux. Ils se ramenaient avec leurs gros bras et répétaient que les politiques sont tous des pourris », conclut Françoise Hostalier.

La fédération du Nord étant assez sarkozyste, et largement fidèle à Gérald Darmanin, la société civile avec Fillon du Nord jouant sa propre partition, d'autres groupes fillonistes firent campagne hors des structures des Républicains. Françoise Hostalier, à leur tête, fut aidée en ce sens par

une poignée de militants fidèles qui avaient milité à ses côtés durant la Primaire. Ils sillonnèrent le département afin de livrer des tracts aux militants, passant leurs soirées à mettre des tracts dans les boites aux lettres ou à coller des affiches. « A la fin, j'ai même glissé un tract dans la boite à lettres d'un bureau de poste. J'étais réellement épuisée, on faisait campagne sur les nerfs », confie Françoise Hostalier. L'auteur lui-même dirigea un groupe de soutien filloniste formé ex-nihilo en dehors des structures du parti et de Force Républicaine, et organisa une trentaine de tractages, opérations de collage d'affiches ou actions de communication. Alors que la fédération se désengageait et que bien de ses cadres prétendait que les militants de droite ne voulaient plus se mobiliser en faveur de la campagne de François Fillon, ces groupes 'informels' rassemblèrent entre six et vingt-et-unes personnes à chaque fois. Les tracts étaient récupérés par des voies de traverse, grâce à l'aide de Françoise Hostalier essentiellement, de conseillers municipaux lillois membre de la fédération des Républicains, François Kinget et Isabelle Mahieu en tête, ou de différents membres de la société civile avec Fillon.
Un joyeux désordre organisé, où les affinités personnelles primaient sur l'atonie des structures constituées.

Dans le hall de fédération lilloise des Républicains, les tracts s'amoncelaient cependant sur de lourdes palettes en bois. Ci-et-là, quelques encoches dans le plastique qui entourait les tonnes de tracts  qui encombraient la pièce donnaient penser que de timides ponctions avaient été faites dans le stock.

Au mur, une affiche de Nicolas Sarkozy côtoyait celle de François Fillon.

« Ménager les sarkozystes et Laurent Wauquiez aurait été sage. Les fédérations auraient davantage fait le boulot si Patrick Stefanini n'avait pas adopté cette stratégie visant à les exclure de la campagne. Je suis persuadée que c'est Nicolas Sarkozy qui a orchestré cette résistance locale en réponse au boycott de ses lieutenants », avance Madeleine de Jessey en guise d'explication. Le manque d'engagement des fédérations les plus gavorables à Nicolas Sarkozy aurait ainsi en partie été motivé par un besoin de considération. Obliger les dirigeants de la campagne à reconsidérer leur position à leur égard.

Cependant les sarkozystes, pourtant mis sur le banc de touche tout au long de la campagne, auront pour beaucoup fait campagne assez activement, alors que les juppéistes placés sur un piédestal et gratifiés de nombreux 'postes' auront retourné leur veste au gré, semble-t-il concernant certains, des propositions d'embauche par En Marche ou des injonctions d'Alain Juppé et de Bruno Le Maire à quitter la campagne.  « On a été trompés ! Si le Canard avait sorti ça avant, Juppé serait président », auraient alors grogné quelques cadres juppéistes. Tenant lieu de justification morale.

« Beaucoup de soutiens d'Alain Juppé ont joué contre leur camp, de même que des militants de l'UDI qui comptaient sur une victoire d'Alain Juppé pour se présenter aux législatives », en conclut Soizic Perrault, vice-présidente du département du Morbihan. « Il semblerait que les juppéistes ne respectent les élections que lorsqu'elle leurs donnent raison », s'amuse de son côté Françoise Hostalier, ancien secrétaire d'État et député du Nord, spécialiste des questions de démocratie auprès de l'ONU et coordinatrice de la campagne Fillon dans le département du Nord durant la Primaire.

## 2.      Un Patrick Stefanini «à côté de la plaque»?

« A l'organisation des meetings, par exemple, Patrick Stefanini écoutait les avis de tout le monde puis on voyait bien qu'il faisait sa petite cuisine dans sa tête avant de décider », explique une cadre. Le directeur de campagne aurait en effet fait preuve d'une capacité de synthèse assez exceptionnelle. Des qualités contrebalancées cependant à partir de décembre 2016 par certains défauts récurrents.

« Il a été carré jusqu'à la primaire, sans doute car il ne pensait pas qu'on allait gagner. Ensuite c'est devenu beaucoup plus compliqué », ajoute cette même cadre. Se serait-il laissé manipuler par ses amis juppéistes ? Elle le suggère, en tout cas. Elle ajoute qu'elle est persuadée que Juppé était à la manœuvre, en lien avec Emmanuel Macron. « En influençant et multipliant les tensions au sein des LR, ils ont voulu appauvrir la droite. »

En outre, Patrick Stefanini aurait régulièrement fait référence en filigrane à son statut d'énarque afin d'imposer son primat intellectuel. Pire, il projetait cette conception très personnelle du monde sur ses interlocuteurs, et en particulier sur François Fillon. « Stefanini n'arrêtait pas de nous parler du complexe d'infériorité de François Fillon par rapport à Alain Juppé », se souvient l'un des piliers du QG de campagne. Considérant les humains en fonction de leur cursus, il aurait régulièrement été amené à davantage valoriser les élus et les diplômés des grandes écoles par rapport aux autres cadres. Ainsi, alors qu'une cadre du QG proposait par exemple de faire des mailings afin de lever des fonds, et d'y inclure en fin de mail un lien « je fais un don», Stefanini aurait purement et simplement refusé. «Ca ne marche pas comme ça», s'était-il justifié. Mais au moment de la campagne présidentielle, alors qu'une stagiaire était recrutée afin de consolider les équipes de campagne, et que cette dernière proposait également d'inclure un lien afin de faciliter les dons, Patrick Stefanini accepta volontiers cette 'intéressante idée.' « La stagiaire avait fait Sciences Po, et moi pas, ce qui fait que la parole d'une étudiante avait plus de valeur que la mienne, qui n'était qu'ancienne chef de cabinet. Stefanini a vraiment une fascination pour les diplômes. »

Patrick Stefanini arrivait à en outre s'enticher de personnes étranges. Ainsi, un médecin spécialisé dans la pose d'anneaux gastriques a longuement pris part à l'élaboration du projet. Il envoyait des messages en fonction de ses humeurs à toute la liste de diffusion des équipes Fillon, usant d'adjectifs disproportionnés ou d'invectives. Le médecin voulait se faire remarquer et frappait fort pour ce faire. « Il ne comprenait pas que ses 'idées géniales' n'aboutissent pas, et il a fallu manœuvrer finement pour le neutraliser. Patrick Stefanini, lui, ne comprenait pas pourquoi on ne voulait pas de ce médecin avec nous », explique l'une des cadres de la société civile. « Pour moi, Patrick Stefanini a complètement disjoncté pendant la campagne présidentielle », ajoute-t-il. « Ce médecin était dingue et outrancier, il n'était pas professeur, ni rien en fait, et il donnait ses avis sur tout. Stefanini s'était entiché de lui et le laissait faire. Il aurait voulu porter préjudice à la campagne, qu'il ne s'y serait pas pris autrement », ajoute pour sa part une des coordinatrices au QG. En résultait hésitations, incompréhensions, pertes de temps et frustrations.

« François Fillon n'est pas un homme facile à manier, mais il y aurait eu des choses à faire. Stefanini connaissait Alain Juppé et Nicolas Sarkozy, et aurait dû anticiper des attaques. Il n'en a rien fait, il a laissé faire », conclut une cadre.

Un des dirigeants de la société civile, en revanche, prend le contre-pied des autres témoignages. Ayant régulièrement eu à collaborer avec Patrick Stefanini, il brosse le portrait d'un homme droit et franc, assez accessible. Mais, « formaté comme un préfet. » Ses attitudes formelles et sa vision d'ensemble auraient rebuté des militants et cadres « qui voyaient la campagne par le petit bout de leur lorgnette. » Ils auraient, selon lui, estimé mériter davantage de reconnaissance de sa part, et en auraient été mécontents. Les vainqueurs de la primaire auraient ressenti une injustice. Un autre point de vue intéressant à prendre en compte afin de pondérer les autres témoignages, sans pour autant remettre en cause ces derniers, ni les erreurs de Patrick Stefanini.

Désireux « d'élargir » la droite, - c'est à dire, probablement, de la recentrer - il a en effet mis sur le banc de touche une partie des vainqueurs de la primaire. Les militants sarkozystes en auraient également fait les frais. A trop vouloir « rassembler » et à force d'arbitrages « douteux », Patrick Stefanini aura bel et bien contribué à l'éclatement de la droite.

## VII. Au crépuscule du 24 janvier : le PenelopeGate

« La bave du crapaud n'atteint pas la blanche colombe », déclara Jérôme Chartier aux cadres venus, un peu paniqués, l'interpeller suite aux révélations du Canard enchaîné. Il répétera cette phrase à plusieurs reprises au cours des premières semaines afin de rassurer ses militants. « Les innocents sont toujours ceux qui se défendent le plus mal, et François Fillon ne s'attendait sûrement pas à un coup aussi bas », ajoutera Jean-Paul Garraud vers la fin de la campagne.

« C'est signé, c'est sûr, c'est Rachida ! », se serait en revanche exclamée Sophie Primas, sénateur des Yvelines, au soir du 24 janvier devant plusieurs cadres de l'équipe Fillon, qui ont rapporté sa réaction. Rachida Dati se serait en effet, à en croire une rumeur persistante qui circulait alors au QG et qui résonnera toujours un an plus tard au sein des premiers cercles fillonistes, procuré les fiches de salaire de Penelope Fillon à l'Assemblée nationale afin de les transmettre à dessein aux journalistes du Canard Enchaîné. Pour beaucoup d'entre eux, celui qui tire les ficelles est également tout désigné.

Les fidèles de François Fillon sont en effet nombreux dans le VIIe arrondissement parisien. François et Penelope Fillon y résident d'ailleurs depuis de nombreuses années, dans une impasse où habitait jadis également Alain Juppé. «Juppé ne leur adressait même pas la parole quand il se croisaient le matin. Il prenait les Fillon de haut», se souvient d'ailleurs une autre de leurs voisines. Diverses personnalités locales, qui demandent à ne pas être citées nommément, affirment ainsi avoir été chargées par François Fillon de « garder un œil sur Rachida. » Dati aurait d'ailleurs refusé l'installation du bureau du député au sein de la mairie en partie afin d'éviter la présence des fillonistes à proximité.

Ces 'taupes' étaient en tout cas présentes à l'occasion du partage de la galette des rois organisée par la mairie du VIIe arrondissement, et ils y auraient vécu des scènes assez surprenantes. En face d'une Rachida Dati décrite comme assez guillerette et fanfaronne, des élus municipaux auraient rapporté les fanfaronnades de leur maire. « De toute façon ça ne va pas se passer comme ça, je vais lui pourrir sa campagne », aurait-elle déclaré devant un parterre de convives.

La haine personnelle de Nicolas Sarkozy suite à sa défaite cuisante à la Primaire, la rancune face à la fameuse phrase assassine : « qui imagine le général de Gaulle mis en examen ? », la vexation du même Nicolas Sarkozy vis-à-vis de Sens commun, le sentiment d'humiliation des sarkozystes dans leur ensemble alors qu'ils ont été exclus de 'l'armée mexicaine' de Patrick Stefanini, et la peur d'une inexorable baisse de leur influence au sein des Républicains suite à une victoire annoncée de François Fillon à la présidentielle, sont autant de théories 'internes' avancées par des cadres fillonistes ou républicains afin d'expliquer la « cabale médiatique » orchestrée à l'encontre de François Fillon.

« A qui profitait le crime ? A Macron, Juppé et Sarkozy, bien sûr », avance ainsi un militant, un autre, puis un autre encore.

Nicolas Sarkozy est dépeint par beaucoup de personnes contactées sous les oripeaux d'une sorte de parrain mafieux autocratique, rompu à l'art subtil de menacer, de manipuler et de jeter ses ennemis politiques jusqu'au fin-fond des abysses politiques, avec un boulet de calomnies aux pieds.

« La séquence des boules puantes est ouvertes », lancera François Fillon dans la soirée du 25 janvier, familier sans doute des « magouilles » qui entachent la vie politique française depuis des décennies déjà.

## 1.    Une droite ébranlée

« Le boss est là, il y a une surprise. » Peu avant 18h, le 24 janvier 2017, un homme en chemise descendit au 4e étage afin d'inviter les militants encore présents au QG à le suivre. Une cinquantaine de personnes rempliraient bientôt la 'grande salle'. Guillerets. « Zut, pourquoi ils ne préviennent pas quand ils organisent quelque chose! je ne suis jamais là, du coup... », commentera même le lendemain un cadre de la campagne. Après un court discours prononcé par François Fillon, ce dernier découpa des galettes posées sur la table devant lui. Une à une, il tendit les parts à Bruno Le Maire, qui faisait ensuite le service. « T'es petit, passe sous la table «, lança-t-il également à l'attention de Gérald Darmanin, afin que le maire de Tourcoing vienne lui prêter main forte. Thierry Solère, en revanche, était quelque peu ailleurs. Il téléphonait, sans interruption, et tout au long de la soirée. « Ils étaient tous au courant , mais ne nous ont alors rien dit. Quelqu'un filmait avec son téléphone. Myriam Lévy semblait inquiète. Puis vint la fève », se souvient Diane Gendry. « Un copain est venu me voir, se souvient aussi François Miquel, et me dit avec un drôle d'air : 'j'ai eu la fève, c'est un chat noir !' J'ai juste répondu 'Oh, putain !' » La faute a bien sûr été rejetée sur le boulanger, une fameuse maison du 7e arrondissement parisien, mais la vidéo tournée subrepticement ce soir-là ne manquera pas de réapparaître ultérieurement.

La galette avait été apportée par les proches de Thierry Solère, ce qui irrita certains membres du QG. « A leur place j'aurais convoqué le pâtissier et lui aurais demandé des explications ! Mais là, ça ne les a pas dérangé plus que ça », ajoute François Miquel.

L'ambiance s'en trouva d'autant alourdie les jours suivants.

Le 29 janvier 2017, Virginie Calmels représentait Alain Juppé au meeting de la Villette. Elle prit brièvement la parole, puis retourna à sa place au premier rang. Jambes croisées, buste penchant lourdement et visage absent. Toute son énergie semblait alors absorbée par  l'observation attentive, à intervalles très réguliers, de sa montre. Les prochaines semaines paraîtraient en effet bien longues aux participants à la campagne.

« Au plus fort du PenelopeGate, le plus jeune fils de François Fillon n'osait plus aller à l'école. Il était bousculé et se faisait insulter par les autres élèves. Quand Nicolas Hulot vient chouiner dans les médias en janvier 2018 en nous disant avec la larme à l'œil que sa famille souffre de ses histoires de fesses, je rigole jaune », explique Nadia Roy, mère de Nicolas Roy, qui a suivi son fils tout au long des deux campagnes de François Fillon. Totalement éloignée de toute préoccupation militante, elle explique s'être réellement intéressée à la politique à l'occasion de cette élection, par procuration puis par passion, grâce à son fils.

« On s'en est pris plein la gueule très vite », se souvient aussi Guillaume Nedelec, étudiant lillois très actif dans les comités 'Jeunes avec Fillon' du département du Nord durant la présidentielle. Primo-militant ayant rallié les équipes de François Fillon peu après le meeting à Lille, il explique avoir été « sensible à cette indescriptible atmosphère, qui appelait à bouleverser l'ordre établi, à faire s'écrouler le scénario voulu par les médias. Fillon donnait l'impression de pouvoir redresser la France. »

Devenu un militant très actif malgré son jeune âge, il sera pourtant rapidement étiqueté dans les amphithéâtres de l'Université Catholique de Lille. Relativement marquée à gauche, précise Cyrille Macron [aucun lien de parenté avec Emmanuel Macron], responsable local de l'UNI. Dans un temple de la liberté d'expression, qui prône à outrance le respect d'autrui et le débat d'idées, son engagement devenait assez vite un boulet à tirer.  « Les profs étaient anti-Fillon et se faisaient plaisir avec nous. Ils voulaient essayer de nous rabaisser tout le temps », se souvient-il. « On avait par exemple un cours sur le 'système partisan et les partis politiques en Europe au XVIIIe siècle', et à chaque fois que je proposais une réponse ou que je posais une question, le prof rajoutait une blague sur Fillon à la fin pour bien me mettre dans l'embarras devant tout le monde. Et l'amphithéâtre entier rigolait avec lui. »

Son responsable, Antonin Feré, explique de son côté avoir été très « déçu » par François Fillon. « Je le pensais intègre, au dessus de la mêlée. Mais quand j'ai vu le traitement médiatique honteux qui en a été fait, j'ai été scandalisé et j'ai voulu faire campagne à fond ! » Elysabeth Hoizey, responsable des Femmes avec Fillon de Roubaix, donna pour sa part sa démission. « J'ai été extrêmement déçue par François Fillon, que je pensais davantage honnête, et je ne pouvais moralement plus assurer ma fonction ! », se justifie-t-elle.

« Au moment de la crise, du PenelopeGate, nous sommes restés un mois sans guidelines, sans informations sur la ligne stratégique et opérationnelle à suivre, sans éléments de langage. Tous les jours, les comités nous appelaient pour nous demander quoi dire, quoi faire. C'est comme si dans une entreprise, en situation d'urgence, vous laissiez tout le capital humain sur le carreau. C'était lunaire », se souvient Muriel Reus, qui dans la vie courante avait repris entre temps ses activités de conseil en gestion de crise.

« En communication de crise, on n'annonce jamais quelque chose que l'on n'est pas absolument sûr de pouvoir tenir. On ne se prononce jamais sur l'incertain, on produit des éléments de langage, on encadre les prises de parole. On met en place des alliés que l'on envoie au feu uniquement sur des sujets maitrisés », ajoute encore Muriel Reus. Choquée et irritée par cette période charnière où elle assista, assez impuissante, à une véritable chute de météorites sur la campagne.  Pour une communicante doublée d'une femme de télévision, le camouflet était de taille. « Quand je réclamais des éléments de langage, on me répondait : 'vous ne parlez pas.' Alors que j'étais oratrice. » Symptomatique d'une période charnière où tout a basculé.

Alors que les réseaux sociaux prenaient une place prépondérante dans le déroulement de la campagne, les équipes fillonistes avaient cependant noué des liens avec divers représentants de Facebook, d'Instagram ou de Twitter, afin de signaler, et dans la mesure du possible de faire supprimer les comptes frauduleux et les insultes. Nombreuses.

## 2.    Un pilonnage médiatique incessant

« La presse ne posait plus que des questions sur 'l'affaire Penelope', et les journalistes ne s'intéressaient plus du tout au fond du programme », explique Louis Betton. Lourd.

Le rôle du journaliste serait intimement lié au fonctionnement la démocratie, explique pourtant Natacha Polony en février 2018 sur sa Web-Tv. Le journaliste serait, selon elle, le vecteur privilégié de l'information, celui qui permet au public de se faire un avis objectif sur son monde, et donc de voter intelligemment aux élections. Du programme de François Fillon, le Français moyen ne savait pourtant pas grand-chose. « Macron n'avait pas de programme et se contentait de dire 'pensez printemps', alors que nous nous avions le programme le plus solide mais il était invisible du grand public. Et c'est pour ça que Macron nous a pompé beaucoup de choses sans que personne n'y trouve rien à redire », commente assez aigri un militant filloniste.

En 2017, « l'élection a été légale, mais déloyale, car les chances n'étaient pas égales entre les candidats », explique pour sa part Françoise Hostalier, observatrice sur les questions de démocratie pour l'ONU. « On aurait vu ça en Russie, les mêmes journalistes français bien-pensants auraient hurlé au scandale démocratique et à l'élection truquée », s'amuse par ailleurs un cadre de l'équipe Fillon.

« On faisait souvent passer des messages aux journalistes, pour qu'ils essaient de prendre du recul et de revenir sur notre programme, sur un vrai travail journalistique, mais ils ne nous écoutaient plus », ajoute Louis Betton. Amer, mais conscient des dynamiques à l'oeuvre au sein des médias.

Un journal qui se serait opposé à ce mainstream anti-Fillon, explique-t-il, aurait immédiatement été accusé d'être pro-Fillon. Affublé de tous les adjectifs ad-hoc. Il n'y avait plus aucune objectivité journalistique, à l'en croire, et le traitement de l'information se muait en une chasse aux sorcières digne du Maccarthysme.
Le 25 janvier paraissait l'enquête du Canard enchaîné, qui évoque un soupçon d'emploi fictif concernant Penelope Fillon pour le poste d'attaché parlementaire de son époux. Le jour même, le PNF ouvrait une enquête concernant un « détournements de fonds publics », « abus de biens sociaux », et « recel de ces délits. » Parmi les juges, plusieurs étaient déjà tristement connus des sympathisants et militants Les Républicains.

La somme de 500'000€ est évoquée par le Canard enchaîné, une somme qui collait trop pour être fortuite, selon Georges-Eric Duriez, coordinateur régional de Sens commun dans les Hauts-de-France, aux fameuses 500'000 suppressions de fonctionnaires qui servaient de prétexte aux opposants de François Fillon depuis des semaines afin de clouer au pilori l'ensemble de son programme. Un timing et un chiffrage un peu trop parfaits à son goût.

Le 1er février 2017, le Canard enchaîné publiait un second article, chiffrant cette fois les salaires perçus par Penelope Fillon à 831'440€. Le journal ajoutait en effet les emplois de Penelope Fillon comme assistante parlementaire entre 1988 et 1990, entre 1998 et 2000, et au cours de l'année 2013. Des salaires versés par François Fillon à ses enfants entre 1998 et 1990, 1998 et 2007, et entre 20012 et 2013 sont aussi révélés à cette occasion, portant la somme globale des salaires versés par François Fillon à sa famille à près de 900'000€.

Le canard a-t-il sciemment fait jouer le suspense en scindant ses révélations en deux? Ou les informations ne lui sont-elles parvenues que par a-coups? Le journal avait-il réellement la main sur ces investigations, ou une comme 'gorge profonde' imposait-elle son propre agenda? Les hypothèses étaient nombreuses.

Le 6 février, Le Monde affirme en revanche avoir bénéficié de confidences des enquêteurs, et révèle que Penelope Fillon aurait été en sus collaboratrice de Marc Joulaud. Le remplaçant de François Fillon dans la Sarthe.

Dans la foulée, le 7 février 2017, le Canard enchaîné affirme que Penelope Fillon aurait reçu 45'000€ d'indemnités de licenciement payés par l'Assemblée nationale, soit 16'000€ en août 2002 et 29'000€ en novembre 2013. Le Canard enchaîné affirme à cette occasion que « la législation ne prévoit pas un tel niveau pour un collaborateur parlementaire. » Le questeur de l'Assemblée, Marie-Françoise Clergeau, précise pourtant que les montants évoqués par le Canard sont exacts, qu'ils correspondent aux fins de contrat de Penelope Fillon et qu'ils s'inscrivent dans le cadre normal des indemnités perçues par un assistant parlementaire en fin de mission.

Dès le 8 février, le Canard enchaîné renchérit en révélant que Marie Fillon aurait suivi un stage d'avocate alors qu'elle était l'assistante parlementaire de son père. Marie Fillon est en effet entrée à l'école de formation du barreau de Paris en janvier 2006 et a commencé en parallèle un stage payé 11'035€ brut par an. Depuis le 1er octobre 2005, la jeune femme était également assistante parlementaire à plein temps de son père.

Pour se défendre, François Fillon a cependant, maladroitement expliqué que ses enfants, Charles et Marie, avaient notamment préparé durant cette période des bases documentaires pour son projet politique et pour l'écriture d'un livre. Le Canard rétorquera ainsi d'emblée que ces tâches ne correspond pas à un travail d'assistant parlementaire.

Le 15 février, le Canard reconnaît cette fois s'être trompé sur les dates concernant les « révélations » son édition du 7 février, et admet que les indemnités versées à Penelope Fillon sont légales. Mais ce même Canard en profite pour les qualifier de « pas parfaitement morales. » L'inquisition médiatique a parlé. Claude Bartolone avait alors pris la peine de rappeler que ces indemnités ne sont « pas fixées librement par les parlementaires », et que depuis 2001, « une indemnité spécifique » de « précarité » sert à « compenser le fait que le collaborateur perd automatiquement son emploi en cas de non-réélection de son député. » Des cris d'orfraie injustifiés, en somme, de la part d'un palmipède qui semblait grisé par un torrent toujours plus violent de révélations à publier.

Le 12 mars, le Journal du Dimanche révèle de son côté que François Fillon se serait fait offrir depuis 2012 des costumes, pulls, blazers et pantalons sur mesure pour un montant de 48'500€, dont 35'500€ payés en liquide et 13'000€ payés par un chèque de la banque 'Monte Paschi.' Ils auraient été achetés à la boutique de luxe Arnys, dans le 7e arrondissement de Paris. Robert Bourgi est en outre identifié comme la personne ayant offert les 13'000€ de costumes. En conséquence à ces révélations, l'enquête s'étend le 16 mars avec un réquisitoire supplétif contre X pour « trafic d'influence. »

Le 13 mars, Le Parisien révèle que Marie et Charles Fillon auraient reversé sur le compte joint de leurs parents une partie de leurs salaires d'assistants parlementaires. Il s'agirait pour Marie d'un remboursement des frais avancés par ses parents pour son mariage, et pour Charles d'un remboursement des loyers et argent de poche payés par ses parents. François Fillon avait alors mis à disposition de la justice 14 factures (robe de mariée, traiteur, limonadier, chapiteau et sonorisation) pour un montant de 44'000€.

Les investigations des journalistes en plein cœur de la vie privée de la famille Fillon confinait ainsi de plus en plus au voyeurisme, et alimentait toujours davantage les brèves de comptoir. Le 15 mars 2017, Mediapart explique cette fois qu'un contrat aurait été signé début 2016 entre 2F Conseil, la société de François Fillon, et Fouad Makhzoumi, homme d'affaire libanais à la tête du groupe Future Pipe Industries. FPI, basée à Dubaï, est un leader mondial du pipeline en fibre de verre, et fournisseur des pays du Golfe dont l'Arabe Saoudite.

Le 22 mars, le Canard enchaîné rapporte que 2F Conseil aurait signé une convention de sept pages afin de mettre en relation des « influencers and policy makers in Russian, Algerian, Gabonese, Ivoirian and French companies. » Ce contrat de lobbying courait du 10 juin 2015 au 10 juin 2016.

François Fillon aurait à cette occasion mis en lien Fouad Makhzoumi avec  le PDG de Total Patrick Pouyanné et le président russe Vladimir Poutine. Patrick Pouyanné avait été directeur de Cabinet de François Fillon en 1995 au Ministère des Technologies de l'Information et de La Poste. Le Kremlin a opposé un démenti à ces affirmations.

Le 25 mars, FranceInfo annonce que l'homme d'affaire italo-suisse Pablo Victor Dana aurait, en 2009, offert de manière « totalement désintéressée » à François Fillon, alors Premier ministre, une montre, qui est mentionnée dans sa déclaration de patrimoine (ayant une valeur supérieure à 10'000€). En 2013, député, François Fillon aurait en outre reçu une seconde montre de la part du patron de 'Rebellion Racing', dirigeant d'une équipe automobile d'endurance aux 24 Heures du Mans. Alain Thébault, l'inventeur de l'hydroptère, aurait enfin pour sa part offert une montre d'une valeur de moins de 10'000€. L'Express publie à cette occasion un article rappelant que François Fillon avait signé en 2007 une circulaire demandant à ses ministres de ne pas conserver les cadeaux qu'ils reçoivent dans l'exercice de leurs fonctions gouvernementales.

Le 10 avril, Mediapart annonce que Penelope Fillon aurait été rémunérée par l'Assemblée nationale dès 1982 en tant que chargée de mission.

Le 12 avril, le Canard enchaîné révèle que Penelope Fillon aurait commencé à travailler dès 1980, alors qu'elle était la fiancée de François Fillon. Embauchée le 1er avril 1980 comme « personnel non titulaire de l'État » pour un ministère inconnu quand François Fillon était chef de cabinet adjoint de Joël le Theule, alors ministre de la défense de Valéry Giscard d'Estaing. Démenti par l'entourage de François Fillon.

Puis le voyeurisme tourne au burlesque lorsque le 14 avril, le journal Libération affirme que François Fillon aurait rendu de faux costumes à Robert Bourgi, produits eux aux Pays-Bas et non à Paris. Le 17 avril, François Fillon leur rétorque cependant, « on fait croire que je n'aurais pas rendu les bons costumes parce qu'on a trouvé une étiquette « Holland » dans la poche. Mais ce n'est pas la provenance du costume, c'est l'étiquette du fabricant de tissu 'Holland & Sherry'. Et la presse, informée de l'enquête en temps réel, gobe ce bobard  sans sourciller ! Si nous n'étions pas à cinq jours de l'élection présidentielle, on pourrait en rire. » Le 21 avril, les enquêteurs confirment finalement que les deux costumes et l'ensemble blazer-pantalons rendus à Robert Bourgi proviennent bien de la maison Arnys. Un troisième costume offert celui-ci par la maison Arnys, n'a cependant pas été rendu par François Fillon au tailleur.

Durant la campagne, chaque journée apportait son lot de nouvelles révélations. Pour certaines exagérées, pour d'autres fausses. Les journalistes semblaient s'être livrés de manière presque sadique à une véritable chasse à l'homme, dans ce qui ressemble autant à une fuite en avant qu'à une surenchère. Personne ne pouvait ignorer l'approche imminente des élections présidentielles, et le poids que représentaient chacune de ces attaques sur la courbe des sondages. Au contraire, les journalistes semblaient atteints d'une sorte de syndrome de Zola, les poussant à accuser François Fillon de tous les maux, quitte à s'excuser plus tard. La vérification des informations en était réduite à sa plus stricte expression. L'éthique cédait le pas au sadisme. La « bien-pensance » noyait de sa chape de plomb toute voix dissonante. Alors qu'Emmanuel Macron était pointé était du doigt dans diverses affaires (et les révélations du début de l'année 2018 laissent penser qu'il y avait déjà à l'époque matière à enquêter), leur écho était insignifiant. Relégués au rang bien commode de 'Fake news.' Qu'importent l'affaire des frais de bouche du ministère, des dépenses qu'on pourrait qualifier de somptuaires, destinées à n'en pas douter à préparer activement et dès 2015 la campagne d'Emmanuel Macron, ou l'affaire du déplacement de campagne à demi-mot à Las Vegas, aux frais du contribuable également, le candidat du « pensez printemps » leur paraissait plus fréquentable que celui du « la France est en faillite. »

Grave aveuglement lourd de conséquences ? Alors que 400'000 voix seulement séparaient François Fillon du second tour, et que le semblant de programme d'Emmanuel Macron, qui le confine au rang de quasi-populiste centriste, aurait probablement été à la peine face à un François Fillon très rigoureux au cours des précédents débats, l'électeur français est en droit de se demander si la presse a correctement fait son travail !

Elle n'a en tout cas plus été en mesure de faire de grandes trouvailles au lendemain du premier tour de l'élection présidentielle, elle qui a été si prompte à enchaîner à une allure effrénée les découvertes encore quelques jours auparavant.

Les journalistes auraient en tout cas bon dos de reprocher à ces fillonistes, qui ont souffert sang et eaux du fait de ces révélations, nombreuses mais assez futiles une fois considérées à froid avec du recul, leur défiance vis-à-vis de la presse.

La presse est en crise, il serait naïf de le nier, et la tolérance à son égard de bien des français, de droite comme de gauche, recule. La prolifération des 'Fake news' sur internet ne serait-elle pas le symptôme d'un manque d'information, plutôt que celui d'une 'crétinisation' des français ? De nombreux cadres, dirigeants d'entreprise, intellectuels, professeurs et philosophes ont relayé des articles des sites de la « fachosphère » ou de Russia Today/Sputnik durant la présidentielle. Leur formation intellectuelle est pourtant de premier plan. Cependant, le manque de neutralité, les parti-pris répétés, les injonctions paternalistes et l'absence souvent de réflexion sur l'information de la part des journalistes, les incitent à trouver de nouveaux canaux d'information parallèles.

« Macron a inventé ce nouveau monde qui autorise la participation de la Société civile à la société », déclarait en avril 2018, avec des étoiles dans les yeux, un chroniqueur sur BFM TV. Ce faisant, cet intellectuel avouait son incompréhension complète vis-à-vis des ressorts de la campagne de la Primaire de la Droite et du Centre. A défaut d'avoir saisi la particularité de cette campagne 'hors du parti', la mobilisation des citoyens de droite, -voire de certains sympathisants de gauche-, en faveur du projet de François Fillon, la campagne de droite a été amalgamée avec une sorte de « résurrection des ligues de 1936 » sous le prétendu étendard « réac' » de Sens commun. Une explication assez simpliste, à n'en pas douter. Un site tel « Dreuz » ou un journal tel Valeurs actuelles aurait fait une analyse comparable à propos des partis de gauche et de l'entrisme des lobbies LGBT ou des groupes communautaristes en leur sein, et

Les «radicalisés», chronique d'une lapidation politico-médiatique

Libé aurait déjà publié en réponse dix éditoriaux enflammés dénonçant le complotisme de la fachosphère, teinté selon lui d'islamophobie, de patriarcalisme réac' et d'homophobie.

Davantage de nuance serait sans doute appréciée des français, de part et d'autre d'ailleurs. « Pas d'amalgames. »

Certains militants fillonistes n'étaient pas particulièrement gênés par le principe du mariage homosexuel (comme par exemple Guillaume Renondin, responsable du comité thématiques « Famille »), ou d'autres à la PMA et à la GPA (ce qui est par exemple le cas de Muriel Reus, présidente des comités « Les Femmes avec Fillon » et féministe affirmée). Mais ça ne correspondait pas au message mainstream, dans l'ensemble orienté anti-Fillon.

Des figures culturelles ou autres intellectuels habituellement engagés à gauche ont soutenu très tôt François Fillon, que ce soit l'ancien homme de télévision et entrepreneur Sylvain Lindon (frère de Vincent Lindon) ou Esther Jakubowitz, retraitée de la Fonction Publique Éducation et diplômée en philosophie, qui avait jusqu'alors toujours soutenu les partis de gauche, et qui a réussi à rallier en faveur de François Fillon de nombreux autres anciens collègue administrés. Esther Jakubowitz avait en effet jadis été chargée d'analyser la Loi Fillon de 2003, qui l'avait particulièrement marquée. «J'avais en tête les propositions de ses prédécesseurs, et les manifestations et grèves de 1995. Lorsque François Fillon a été amené à s'occuper du sujet des retraites, il a consulté les syndicats, de toutes les tendances, et sa réforme est passée sans contestation. J'avais trouvé son texte clair et très exhaustif, et il m'avait laissé l'image d'un ministre déterminé mais sachant écouter. Il avait réussi à dissiper toutes les craintes: j'étais admirative! Mon opinion à son égard n'a plus changé ensuite », se souvient-elle.

Figures de proue ou profils classiquement à gauche, c'est la première fois qu'ils votaient à droite. Ils expliqueront longtemps après la campagne ce changement d'orientation par la personnalité finalement assez « sociale et empathique » de François Fillon, et par son programme jugé « sérieux. » La situation du pays dépassait les clivages idéologiques, estimaient-ils. « J'ai compris qu'en France, pour être de gauche, il faut être de droite. Être vraiment social, c'est donner du travail aux gens et leur permettre de s'y épanouir. Être de gauche, c'est respecter la liberté. Seul François Fillon avait un programme capable de redresser la France, de donner du travail, de libérer les énergies et l'ascenseur social, et donc d'aider les Français à s'en sortir », explique Sylvain Lindon. Sévèrement critiqué par ses amis « de gauche » durant les deux campagnes, -primaire et présidentielle-, Sylvain Lindon explique avec force de détails avoir beaucoup souffert des approximations véhiculées par la presse. « J'ai été insulté, et on m'a presque traité de réac' fasciste. C'est très mal me connaître. J'ai été déçu par certains de mes amis qui n'ont pas essayé de se dire 'qu'est-ce qui fait que Sylvain soutient Fillon'?, et qui ont préféré juger sur de faux a-priori. On aurait beaucoup gagné notamment à pouvoir faire plus de pédagogie durant la campagne présidentielle. » Sylvain Lindon avait en outre été hospitalisé vers la fin de la campagne de la Primaire, littéralement épuisé physiquement et moralement. « A peu de choses près j'aurais pu faire un AVC directement à l'hôpital à la veille du second tour », se souvient-t-il.

« Pendant la campagne présidentielle, je n'ai pas voté à gauche pour la première fois de ma vie. J'ai rejoint Fillon juste après les affaires, car je sentais qu'il y avait quelque chose de pas très normal. De par ma formation de philosophe, j'ai appris à douter et à remettre en question ce que dit la presse. Là, c'était un assassinat en règle et en tant que démocrate je ne pouvais pas laisser faire ça ! », ajoute Esther Jakubowitz.

Les motivations qui ont conduit de nombreux français à soutenir la candidature de François Fillon ont ainsi été passées sous silence. La presse mainstream n'a pas réellement pris soin de présenter avec justesse les participants à la campagne de François Fillon, préférant les amalgamer en un bloc homogène de « riches-blancs-machos-cathos-sectaires-réac'. »

D'aucuns trouveraient cela assez vexant.

## VIII. Passivité, trahisons et retournements de veste

« Il y avait quelqu'un de Macron chez nous. Pas un juppéiste, mais vraiment quelqu'un d'En Marche. J'en était pratiquement sûre. On a porté nos soupçons sur plusieurs personnes, mais on n'a jamais su », confie une cadre de la société civile. Excès de méfiance ou trahison avérée? Il est certain cependant que des informations fuitaient depuis le QG. « Régulièrement, une décision était prise au QG, et l'on pouvait la lire dans le tweet d'un journaliste un quart d'heure plus tard. Dans le monde de l'entreprise, ça s'appelle un délit d'initié et c'est passible de prison. Mais en politique, ça ne marche pas comme ça. Chacun se battait pour son propre espace médiatique, en fait! », analyse l'un des cadres de la Société civile, un peu désabusé.

### 1.    Les juppéistes, de la résistance passive à une tentative 'impeachment' ?

« Je n'aime pas Juppé, il y a dans son entourage un côté 'clan' assez gênant. Au quotidien depuis la Primaire, ils ne manquaient pas de nous faire savoir que nous n'étions pas dans le bon camp, et ça prenait parfois la forme de menaces plus ou moins implicites », explique Pascal Bérillon, responsable des comités de soutien à François Fillon dans le bassin d'Arcachon pour la campagne présidentielle et ancien élu du Nouveau Centre d'Hervé Morin. « A partir du 25 janvier, on sentait des pressions sur nos équipes. Même si certains juppéistes ont encore joué le jeu un temps, c'est devenu de plus en plus difficile pour nous de travailler. Heureusement, le député sarkozyste Yves Foulon a tenu bon avec nous », explique-t-il.

« Les fillonistes historiques ont tenu bon, mais les LR nous ont quasiment tous lâchés », ajoute quant à elle une élue à la Teste de Buch, une commune du Bassin d'Arcachon. « J'ai déjà pu côtoyer d'Alain Juppé lors du rassemblement des élus d'Aquitaine. Il était assez malpoli, n'adressait pas forcément la parole aux autres, et paraissait hautain et orgueilleux », se souvient-elle. « On s'est ensuite beaucoup frittés au sein du conseil municipal entre pro-Fillon et pro-Juppé, avec certains qui répétaient sans cesse 'comment peux-tu soutenir un voleur ?', ou qui lançaient des remarques du genre 'je ne m'assois pas à côté de toi.' C'était fatiguant !»
Selon différents témoignages, le salarié de la fédération LR de Gironde, Thomas Dovicci aurait même ouvertement fait campagne contre François Fillon sur les réseaux sociaux. Yves d'Amécourt demanda ainsi un rappel à l'ordre, sans succès.

Le mot 'radicalisés' aurait été prononcé à de nombreuses reprises en présence de militants

fillonistes, et ces derniers ont effectivement du se recentrer sur leur noyau initial afin de mener campagne.
Déplacement dans les Ardennes, Eric Chomaudon avait demandé aux jeunes de se mobiliser. « Les jeunes il faut y aller, il faut envoyer du monde, car le département nous est assez peu favorable ! »

Du coup, seul Mathieu Ellerbach a fait le déplacement dans le bus affrété pour l'occasion depuis Paris, alors que pas un seul militant de Bruno Le Maire ou d'Alain Juppé ne s'est mobilisé. Les fillonistes commençaient à revivre la situation de la primaire, où ils étaient seuls face aux autres écuries et aux structures du parti sensées les chapeauter.

A Perigueux, bastion juppéiste, Carine Tilleul Boudot faisait face à une résistance active de la part de la fédération Les Républicains. Ancienne responsable des jeunes de Démocratie Libérale dans le VIIe arrondissement parisien, elle côtoyait souvent François Fillon à l'Assemblée alors que son père y travaillait. Descendue à Perigueux au gré de son parcours professionnel, elle prit sur elle de réorganiser les comités fillonistes locaux. « Mine de rien, Fillon était largement devant Juppé chez nous à la primaire, alors qu'on est en plein cœur du réacteur juppéiste. Je crois qu'ils ne l'ont jamais digéré ! » Tous les moyens étaient ainsi bons, explique-t-elle, afin d'empêcher les comités Fillon de faire campagne. Ainsi, lorsque des tracts et des affiches arrivaient à la fédération de Périgueux, les juppéistes s'abstenaient avec une rigueur mathématique de prévenir les militants fillonistes. Seul un employé de la fédération, un sarkozyste « qui jouait le jeu », prévenait systématiquement Carine Tilleul en cachette afin qu'elle vienne les récupérer. « Quand je téléphonais ensuite à la fédé pour organiser la récupération des affiches et des tracts que 'quelqu'un y aurait vu par hasard', ils avaient le culot de me répondre que c'est faux, qu'ils n'avaient rien reçu, et que c'était la faute au QG Fillon à Paris qui aurait été mal organisé », s'énerve-t-elle. Se rendant sur place, elle dut contourner les juppéistes afin de récupérer le matériel militant qui trônait sur des palettes immaculées emballées de plastique dans le hall de la fédération, les charger dans le coffre de sa voiture, puis en faire elle-même la distribution auprès des divers relais dans les circonscriptions. A sa grande surprise, les seules affiches qui étaient collées aux murs et sur la vitrine de la fédération étaient les portraits de Virginie Calmels. Un héritage des élections régionales en 2015. « Du coup on les a recouvertes d'affiches de François Fillon, mais elles n'ont pas tenu longtemps. » Selon elle, la fédération n'a pas fait son travail militant, et au contraire mettait tout en œuvre afin d'empêcher les comités fillonistes « société civile » de prendre le relai. Ainsi, les mots de passe du logiciel autorisant les responsables de comité à accéder aux bases de données militantes et à utiliser des algorithmes permettant de cibler les secteurs les plus porteurs, afin de faciliter la réalisation d'actions sur le terrain, n'ont simplement pas été transmis aux fillonistes.

# Les «radicalisés», chronique d'une lapidation politico-médiatique

Face à cette résistance à la fois passive et active des juppéistes, les fillonistes, aidés par de nombreux sarkozystes « désireux de respecter le choix des urnes et de faire gagner leur camp », ont été obligés de se mobiliser à outrance. « On allait parfois boiter à 3h ou 4h du matin, en pleine nuit pour ne pas se faire repérer », explique un huissier de justice de Périgueux, qui ne voulait pas être vu afin de ne pas nuire à sa vie professionnelle.

Alors que Carine Tilleul Boudot essayait d'organiser des évènements et  des retransmissions de webinaires ou de débats, elle trouvait systématiquement porte close auprès des juppéistes, se souvient-elle. « Je faisais du coup les apéros militants chez moi, dans mon salon, et on y ramenait un écran géant pour regarder ensemble les débats à la télé ! »

Alors que les fillonistes en sous nombre peinaient à soutenir le rythme insensé de la campagne, assurer tous les tractages, boitages et collages, ils croisaient souvent en revanche dans les villages les plus reculés de Dordogne des affiches à l'effigie d'Emmanuel Macron, de Jean-Luc Mélenchon et de François Asselineau. Leurs affiches étaient collées systématiquement sur celles de François Fillon et de Benoît Hamon, parfois moins d'une heure après le passage des équipes Fillon.

« Un jour on a décidé de sa cacher derrière un muret pour voir qui venait tout le temps nous enlever nos affiches et lui demander de se calmer un peu. Du coup [petit rictus], on a vu trois cas soc' à moitié alcoolisés sortir d'une Renault 4 toute cabossée. Dans le coffre, ils avaient des affiches de Mélenchon, d'Asselineau et de Macron, entre deux caisses de bière. Quand on est allé les voir, ils nous ont même proposé de boire un coup avec eux. En fait ils disaient qu'ils étaient payés au noir 400 euros par mois par les équipes des candidats pour coller des affiches un peu partout dans la région et recouvrir celles des autres !  C'est sûr qu'on ne voyait pas beaucoup de militants d'Asselineau et de Macron sur le terrain, alors il fallait compenser », s'amuse-t-elle. Ainsi, des 'illétrés alccoliques' composèrent l'essentiel des équipes de campagne locales d'Emmanuel Macron, dut-elle conclure après coup. Sarcastique.

A Bordeaux, la situation aurait été encore bien pire à en croire les responsables locaux, Jean-Paul Garraud et Carole Valette en tête.

Un jour, alors que Carole Valette se rendait à la permanence LR de Bordeaux, elle aperçut une pile de tracts à l'effigie de François Fillon. En plein cœur d'un pièce aux murs surchargés par les affiches et les photographies héritées des précédentes campagnes d'Alain Juppé.

- Non, non, on n'a pas de tracts sous la main à vous donner!, expliquait la personne à l'accueil
- Et ça, qu'est-ce que c'est ?, lui répond Carole Valette, pointant du doigt la palette soigneusement

enroulée de plastique
- Ca, c'est rien !
- Rassurez-moi, c'est bien la permanence du candidat de droite ?, renchérit une militante présente également ce jour-là dans la permanence
- Oui, bien sûr, répondit la secrétaire sur un même ton nonchalant

Horrifiée, Carole Valette fit part de ses inquiétudes à l'un de ses amis, qui connaît bien par ailleurs François Baroin. Elle lui précisa bien que les tracts n'étaient pas du tout distribués à Bordeaux, et lui signifia les difficultés qu'avaient les fillonistes à s'en procurer par les 'voies officielles.' » L'ami en question téléphona dans la foulée à François Baroin, qui prit connaissance de la situation, et promit en fin de conversation téléphonique de se rendre à Bordeaux la semaine suivante afin de régler le problème. Ce qu'il fit.

Revenus la semaine suivante afin de réceptionner les tracts, les  militants fillonistes furent « engueulés » par la réceptionniste. « Vous n'êtes pas sympas, moi je me suis faite allumer par le parti et par mes patrons qui m'ont accusé de ne pas faire mon travail, alors que je ne fais qu'obéir aux ordres ! Vous auriez pu régler ça directement avec eux ! »

Alors qu'était prévue en mars 2017 une réunion publique au Bouscat en présence de Jean-Paul Garraud et de son binôme Philippe Fontana, la mairie a contacté les équipes fillonistes au dernier moment afin de faire part de ses hésitations. « On m'a dit que ce n'était pas possible, Juppé nous en voudrait sinon », aurait déclaré une secrétaire de mairie à Carole Valette. La salle fut finalement accordée après diverses relances. Cependant, trois jours avant la date fatidique, alors que la communication autour de cet évènement avait débuté de longue date, la mairie informa les équipes Fillon que la salle devait être nettoyée ce jour-là et qu'elle ne serait finalement pas disponible avant 20h. Toute l'organisation dut être reportée à la dernière minute, depuis l'installation du matériel militant jusqu'à l'entrée des spectateurs, engendrant divers malentendus et déceptions. Le jour même, une fois sur place, Carole Valette eut finalement la désagréable surprise d'entendre les états d'âme de l'agent municipal chargé de les accueillir. Il leur reprochait en effet ce changement d'horaire,  qui l'obligeait lui-même à devoir veiller plus tard, et ce alors que la salle était pleinement disponible dès 18h pour tout préparer par avance. 300 personnes firent pourtant le déplacement dans la petite salle municipale du Bouscat, au grand dam des équipes juppéistes locales.

En Seine-et-Marne, les cadres fidèles à Alain Juppé redoublaient également d'énergie afin de fragiliser la campagne. Louis Boumesbah se souvient ainsi avoir dû batailler durement afin d'obtenir du matériel militant, et a fait part de ses difficultés au cours de plusieurs réunions. Frank Riester, notamment, s'employait à bloquer les arrivées de tracts et d'affiches. Du côté de Meaux, Jean-François Copé appliquait selon lui exactement la même stratégie. Et pour cause, l'ancien adversaire à mort de François Fillon espérait bien cannibaliser les énergies du département, rester au coeur de l'attention, afin d'assurer son avenir politique. « Le député Jean-Claude Mignon nous a rétorqués qu'il l'avait signalé à plusieurs reprises à Paris. Mais comme les flyers transitaient par Meaux... Vous voyez ce que je veux dire !», se souvient un militant filloniste. Lorsque des réclamations se faisaient entendre, provenant aussi bien des LR 'fidèles' que des fillonistes, les uns se défaussaient ainsi simplement sur d'autres personnes. Assez fréquemment sur la personne de Jean-François Copé, en réalité.

A Melun, fief de la « droite pépère », Fillon partait pourtant initialement avec un avantage.


## 2.    Les défections se multiplient

« Il a payé sa femme avec de l'argent public, c'est dégueulasse », lançait une conseillère municipale socialiste à l'adresse de la responsable Mid Generation de Dordogne, laquelle répondit avec flegme : « Quand nous avions entretenu la maîtresse de Mitterrand pendant des années avec de l'argent public, ça ne vous avait pas dérangé! »

« Rendez-nous notre argent », « vous êtes une secte de cathos intégristes », « Fillon, lui, il a un château ! », « voleurs. » Jour après jour, l'ambiance se dégradait. Sur le terrain, des scènes ahurissantes se juxtaposaient. Ainsi, alors qu'un groupe d'une demi-douzaine de militants (dont faisait partie l'auteur) organisait un tractage dans une rue très animée du Vieux-Lille, le petit groupe fut pris à partie par des jeunes hilares. Des badauds attablés à une terrasse de café voisine et quelques militants se réclamant de Jean-Luc Mélenchon leur adressèrent en revanche quelques mots de sympathie. « Je ne supporte pas Fillon et je pense qu'il a abusé du système, mais bon je respecte ce que vous faites car nous on s'en prend plein la figure depuis des années alors on sait ce que c'est », expliquait une jeune femme. Elle afficha un grand sourire et prit un tract aux militants, « par solidarité, comme ça je saurais ce qu'il dit. » Deux rues plus tard, un jeune homme se réclamant ouvertement militant de gauche promit même à une jeune militante, Catherine, athlétique étudiante de 19 ans, d'examiner avec attention les propositions de François Fillon, et « qui sait de voter pour lui », en échange de son numéro de téléphone. Ainsi, un petit tailleur bleu soigneusement ajusté et d'élégants talons hauts ont-ils parfois plus d'effet pour fixer l'attention des électeurs qu'une demi-heure de débat contradictoire. La jeune femme, de son côté, féministe décomplexée, eut matière à en rigoler pendant plusieurs semaines. « C'est flatteur en fait, tant qu'ils restent polis et à leur place », expliquait-elle, comme pour faire un pied de nez à la « furie » Christine Angot, raillée quelque temps auparavant dans « l'émission politique. » Le groupe des jeunes avec Fillon, culminant à 25 membres à la veille du premier tour, renforcé théoriquement à plus de 50 au terme de la Primaire, se retrouvait à tracter à 6 ou 10 personnes. « On se fait plaisir et on tracte en rigolant de tout », se répétaient-ils pour se donner du cœur à l'ouvrage.

Dans le centre-Var, les cadres fillonistes se rendirent compte à partir de mars 2017 que le travail que prétendaient avoir fait les militants du parti était sinon inexistant, au moins bâclé. « On était obligés de vérifier village après village si ça a été fait, puis de coller des affiches, tracter et boiter dans la plupart d'entre eux », se souvient Carole Barisone. Une militante chargeait tous les tracts qu'elle récupérait chez Thierry Campens, l'assistant parlementaire du député Philippe Vitel. Un professeur du lycée de Toulon se chargeait de convaincre un à un ses collègues de l'éducation nationale, alors qu'un notaire multipliait les réserves de tracts de son comité local à l'aide de la photocopieuse de son étude.

De même dans les Pyrénées-Atlantiques, où tantôt un agent immobilier, tantôt une secrétaire, imprimait les tracts du comité. « On n'avait pas de budget, et la fédération ne nous donnait pas de moyens », se souvient Corine Martineau. Max Brisson, Vice-Président des Pyrénées-Atlantiques et ancien secrétaire départemental de la fédération LR, avait en effet partagé auprès de ses militants un article à charge de Sud-Ouest critiquant vertement François Fillon, illustré par une photographie le montrant aux côtés d'Emmanuel Macron. Le cliché était pourtant déjà ancien. Il avait en effet été pris durant l'été 2016, lors du passage d'Emmanuel Macron à l'hôtel du Palais de Biarritz, mais refaisait étrangement à nouveau surface durant la phase finale de la campagne. Un message subliminal bien compris par la base militante. Une façon pour ce protégé d'Alain Juppé, explique un ancien responsable du RPR local, de préparer la future élection sénatoriale. «Au moment de la campagne, j'ai eu des échanges amers avec lui sur Facebook. Dès qu'il publiait une critique de Fillon sur son mur, moi, comme d'autres, nous lui répondions. Ne supportant pas la critique, il effaçait nos réponses, et nous les réécrivions. Jusqu'à ce qu'un jour il me bloque...»

Dans le Finistère, les militants en furent réduits à tracter avec leurs stocks hérités de la Primaire. « De Calan et ses sbires bloquaient les tracts et essayaient de dissuader les fillonistes de faire campagne », se souvient un militant local.

Plus anecdotiquement, Yoan Guerrucci, sapeur-pompier, profitait de ses entraînements cyclistes et de ses déplacements pendulaires jusqu'à sa caserne tout au long de la semaine afin d'emporter des paquets de tracts sur son vélo et de les déposer dans les boites aux lettres de certains villages isolés de l'arrière-pays. De même, le président de la confrérie des amis du vins et du cochon de Cabasse portait des tracts à ses contacts dans tout le département, afin qu'ils les distribuent dans les villages les plus reculés où ils tenaient des stands sur les marchés.

Une campagne faite de bric et de broc, qui représentait paradoxalement un incroyable espace de liberté et autorisait un épanouissement de l'esprit d'initiative des militants fillonistes, pourtant somme toute livrés à eux-mêmes. Tout était bon pour palier à la défection des militants des Républicains.

« Je ne vais quand même pas aller tracter pour Fillon si c'est pour récolter des insultes et des crachats », se dédouanait en revanche C*, militante de Mons-en-Barœul, au cours d'une réunion organisée à l'initiative du responsable de la campagne des jeunes avec Fillon pour les Hauts-de-France, Antoine Sillani-Longuet. Sarkozyste convaincu, ancien coordinateur pour la campagne de Nicolas Sarkozy durant la Primaire, ce dernier tiendra pourtant la barre jusqu'au bout à la tête des jeunes fillonistes de la Grande région, essayant de calmer les ardeurs militantes de part et d'autre. L'un des cadres des jeunes avec Juppé, proche de Maël de Calan, se trouvait en effet également à Lille. De quoi galvaniser les jeunes juppéistes locaux.
Une neutralité qui prit par moment des allures de chemin de croix. Cela permis au moins de sauver les apparences pour les législatives.

« Les élus LR prétextaient qu'ils se feraient agresser sur les marchés pour refuser de faire campagne, et en parallèle nous accusaient de faire perdre la droite à la présidentielle par notre obstination. Ce serait presque drôle.. », ajoute Bruno Dumonteil, tenant rigueur aux autres écuries de leurs attitudes hésitantes. Lâcheté voire traîtrise, ne manquaient pas de rajouter certains.

De leur côté, les militants leméristes au QG de campagne se sont prêtés à un « ridicule » jeu de théâtre. Ce jour-là, le 1er mars 2017, tombait en effet l'annonce de la convocation de François Fillon en vue de sa mise en examen. Les responsables au sein du QG de campagne temporisaient la diffusion d'information auprès des délégations de jeunes constituées afin d'accompagner François Fillon au salon de l'agriculture. Les leméristes, eux, vinrent comme à l'accoutumée au QG. Ceux du pôle courriers se mirent à travailler comme si de rien n'était. Les yeux rivés sur les chaînes d'information en continu et sur leurs 'chefs' à la fois. Quand Bruno Le Maire apparut à l'écran, un lourd silence s'imposa. L'impatience était palpable. Des petits regards étaient adressés aux responsables des jeunes, qui eux-mêmes répondaient par de petits gestes à leurs jeunes militants. Puis vint le moment fatidique. « BLM » annonça sa démission de la campagne. D'un geste parfaitement maîtrisé, les militants leméristes prirent alors leurs stylos entre le pouce et l'index, les soulevèrent ostensiblement à la manière d'une grue au-dessus de leurs tables, puis les posèrent lourdement dans un rythme impeccable. De même, au pas de l'oie, ils récupérèrent leurs vestes et manteaux et se dirigèrent en silence vers la sortie. La tête haute, le buste bombé et le visage fermé. « Molière lui-même aurait été fier de cette interprétation des précieuses ridicules », s'amusa un jeune militant.

# Les «radicalisés», chronique d'une lapidation politico-médiatique

Dans la salle de presse, l'ambiance était légère au contraire. Euphorique, même. Des grappes de journalistes s'échappaient ci-et-là quelques fous rires. Certains journalistes se livraient à des exercices de traits d'esprit. D'autres pariaient sur le maintien ou non de François Fillon et, surtout, sur le remplaçant qui serait annoncé. Lorsque François Fillon annonça son maintien, un lourd silence s'imposa. Il fallut toute l'énergie de Julien Arnault (LCI) et une question sur le déroulement de la suite de la campagne, pour le briser.

« J'ai travaillé trois ans avec Patrick Stefanini, mais il n'est même pas venu nous dire au-revoir. Ce n'était pas correct du tout de sa part », se souvient une cadre de la société civile.

Cependant, « avec le départ massif des militants d'Alain Juppé et de Bruno Le Maire, il y eut d'un coup beaucoup de postes à pouvoir. » Par effet de contraste, les militants de Sens commun deviendront davantage visibles et occuperont plus de responsabilités au sein de l'équipe de contraste.

Du pain béni pour la communication des autres candidats à l'élection suprême.

## IX.   La « campagne sale » des « chevaux de Troie » juppéistes et leméristes

« En partant, les militants juppéistes ont volé des mots de passe, changé les mots de passe de Nation Builder pour nous empêcher d'avoir accès aux outils de campagne, ils ont détruit des factures électorales et mené un chantage afin d'être payés jusqu'à la fin de l'élection présidentielle », explique l'un des responsable d'un des comités de soutien Fillon présent ce jour-là au QG. De fait, les équipes Fillon n'eurent aucun accès à leurs fichiers et logiciels de gestion de contenus durant plusieurs jours, avant que le service après-vente de l'éditeur de logiciels ne rétablisse les mots de passe.

« On avait aussi le vol des données adhérents par Mohamed Hamrouni. Il a volé les fichiers avec les coordonnées des militants et sympathisants et les a apportés dans la foulée aux équipes de Macron. On a plein de monde qui nous ont appelés car ils étaient contactés directement sur leurs téléphones portables par Macron, ou appelés quelques jours avant le premier tour sur leurs téléphones en liste rouge. Quand on sait que Hamrouni a été payé jusqu'à la fin de l'élection, et qu'il a été pris dans la foulée comme chef de cabinet adjoint d'Edouard Philippe à presque 8000€ par mois... », ajoute une responsable départementale des jeunes avec Fillon. Responsable en 2016 de la coordination et de l'organisation du scrutin de la primaire pour la campagne d'Alain Juppé, Mohamed Hamrouni, alors membre du bureau national des jeunes républicains, avait été auparavant « placé » par les équipes d'Alain Juppé au sein du QG sous le titre de 'chargé de mission.'

Certains membres des équipes du QG tempèrent cependant ces affirmations. Marguerite Hedde, qui a travaillé trois mois aux côtés de Mohamed Hamrouni, prend quant à elle davantage en compte sa rancœur suite à l'incroyable défaite de son champion. « Il était gentil, mais n'aurait humainement pas pu afficher le même zèle qu'un militant filloniste historique. J'ai quand même été déçue, et perçu son attitude et sa mauvaise foi au moment de quitter la campagne comme une trahison », concède-t-elle. « Mohamed ne foutait rien, mais il était toujours collé derrière Le Roux », précise à l'inverse une autre cadre de la campagne. Sans détours.

Beaucoup de rancœurs, une possible exagération des traits, peuvent en partie expliquer ces jugements à charge. « C'est moi qui ai vu dans le bulletin officiel la nomination de 'Momo' comme chaf de cabinet adjoint d'Edouard Philippe, et j'ai partagé l'information sur le Whats'app de la Société civile. On a ri jaune », se souvient par ailleurs une cadre de 'Mid Generation.'

122

# Les «radicalisés», chronique d'une lapidation politico-médiatique

Ces fichiers, affirmant certains militants, auraient en outre été dès le départ annotés. D'autres témoignages suggèrent que les Républicains auraient éventuellement en outre gardé une trace des noms des participants à la primaire. Ce fait n'est cependant pas corroboré largement.

Les numéros de téléphones adresses mails et postales, orientations politiques et diverses remarques concernant certains individus auraient été en revanche consignées dans ces documents. « Ils s'en sont servis pour savoir lesquels seraient fusionnables avec En Marche, les hésitants et les opportunistes, et ne se sont pas privés de les démarcher et de leur proposer des carottes. Certains amis personnels juppéistes qui avaient été contactés sur leurs téléphones personnels m'ont heureusement prévenu en retour, car ils ont trouvé le procédé douteux.. Ils avaient en tête que Sarkozy se servait déjà de ces fichiers à son compte, alors si en plus ils circulent dans d'autres partis ça faisait un peu beaucoup pour eux. »  Il serait surprenant que ces milliers de militants et sympathisants, le cas échéant, aient donné leur accord à ce 'fichage via piratage de données' par En Marche. Par la suite, l'Europe évoquera fréquemment le sujet de la protection des données personnelles. Si ces accusations étaient avérées, si En Marche n'avait pas fait preuve du respect le plus élémentaire vis-à-vis des données personnelles de ces français, Emmanuel Macron aurait bon dos de prendre position sur le sujet à une échelle plus large. Beaucoup de participants à la campagne, en revanche, n'auraient pas été informés de ce 'vol.' Un autre a même demandé après-coup le retrait de sa citation évoquant ce moment, et la totale suppression de son nom du présent ouvrage, tandis que d'autres insistèrent sur leur anonymat. Le sujet est tendancieux, des mises en garde se sont accumulées, et la question mériterait qu'un journaliste plus expérimenté s'en saisisse, afin de discerner le fin mot de l'Histoire. Calomnie à l'initiative du camp filloniste ou scandale démocratique?
« Ah, les macronistes et leurs adjoints au chef de cabinet... », ironisera fugacement un cadre quelques jours après le déclenchement de « l'affaire Benalla. »

D'autres fillonistes pointent un vol de données similaire qu'aurait commis Marie Guevenoux, mais à un niveau bien plus grave encore. Cette dernière, investie entre temps par En Marche aux législatives et élue député, était notamment en ce temps-là en charge du développement du fichier des grands donateurs en lien avec Anne Méaux. Elle avait par le passé été responsable des levées de fonds pour la campagne d'Alain Juppé, et a été chargée de vérifier la conformité des comptes de François Fillon après la Primaire.
Elle aurait ainsi transmis, - négocié supposent les plus téméraires -,  les coordonnées des mécènes de la campagne Fillon aux équipes d'Emmanuel Macron, qui auraient par ce biais multiplié leurs prospects. Marie Guevenoux aurait en outre été salariée de la campagne, et payée jusqu'en juin 2017, à l'instar d'un certain nombre d'autres « démissionnaires » de mars 2017. 4'000€ nets par mois, pour rester chez elle. Pour se justifier, elle avait répondu au journal Marianne que les équipes Fillon « avaient proposé, comme aux autres salariés concernés, une solution transactionnelle qu'à ma connaissance nous avons tous acceptée. » Pourtant, certaines

personnes ont bel et bien été licenciées à cette période. Le traitement de faveur dont ont bénéficié certaines personnes, replacées dans la foulée à des postes importants par En Marche, n'en est que plus surprenant.

« Les juppéistes sont partis, mais en prenant bien soin de récupérer leurs tickets restaurant du mois. Certains se sont même arrangés pour être payés jusqu'à la fin de la campagne. Ils sont partis en emmenant des fichiers, des mots de passe et des bases de données », confirme de son côté une cadre de la campagne.

« Oui, on m'a dit tout ça. Ma faute a été de croire que tout le monde respecterait les règles du jeu, et ça m'a beaucoup blessée. C'est aussi pour ça que j'ai pris mes distances avec la politique, afin de m'occuper de ma petite fille. […] Tout le monde nous imagine en habiles politiciens qui auraient noyauté et dirigé la campagne Fillon, alors que je pense avoir été très naïve et idéaliste au contraire », ajoute de son côté Madeleine de Jessey, porte-parole de la campagne et porte-parole, -puis présidente par intérim -, du parti allié Sens commun. Elle quittera la présidence de Sens commun au début de l'année 2018, se disant assez déçue par les pratiques politiques.

« Ah, Hamrouni, on le surnommait pourtant amicalement 'Momo'. Il avait pas l'air bien méchant, mais il faisait pas grand-chose pour faire avancer la campagne. On se demande bien comment il a réussi à se faire caser comme chef de cabinet adjoint d'Edouard Philippe ? S'il bosse chez eux de la même façon qu'il a travaillé chez nous, alors la France va couler très vite », ironise enfin un porte-parole de la campagne, s'essayant à un glaçant trait d'esprit. Assez vindicatif et désillusionné. Mohamed Hamrouni aurait ainsi passé plus de temps à organiser des Afterwork afin de regarder des matchs de football avec ses camarades, qu'à faire campagne, expliquent-ils. Symptomatique, semble-t-il, du comportement de beaucoup de juppéistes. Un brin de vexation a sans doute accentué les traits.

Le départ «sale» des soutiens du maire de Bordeaux a cependant profondément marqué les esprits.

Une dizaine d'autres témoignages de personnes issues du premier cercle, non préalablement concertés, pointent de même les militants et cadres juppéistes. Les uns évoquent les longs SMS envoyés par les équipes juppéistes à même le couloir du QG à la fin de chaque réunion avec François Fillon. « Lecornu et Le Roux suivaient Stefanini à la trace, il ne se déplaçait pas sans eux, comme de bons petits chiens, ils avaient accès à tout et à toutes les réunions importantes, mais avaient pourtant un poil dans la main quand il s'agissait d'aider à faire campagne », précise une cadre de la campagne. Les autres évoquent la curiosité des militants qui essayaient, encore davantage que durant la période de recomposition, d'avoir le plus d'informations possible sur la suite des événements ou la stratégie de défense qui serait adoptée tout au long du 'PenelopeGate.' Réels ou fantasmés, tous ces éléments n'en éclairent pas moins sur l'inconscient collectif très pesant qui régnait au QG de campagne.

« On était obligés d'aller sur la terrasse du 5e étage pour discuter, de peur que des juppéistes n'essaient de venir écouter ou de gêner la conversation. Mathieu Ellerbach [responsable des jeunes avec Juppé] était insupportable, un vrai pot de colle ! Un jour je parlais de la stratégie à suivre dans mon département avec Cédric Rivet Sow [président des jeunes avec Fillon] et François Miquel, et Ellerbach nous a collé au moins 6 fois pour écouter. »
L'accord de confidentialité signé en fin de campagne présidentielle par divers participants serait en partie responsable, à en croire divers témoignages recueillis, de l'absence de scandale à ce jour.

De même, les militants juppéistes auraient bien pris soin de récupérer tous leurs tickets-restaurant pour le mois de mars avant de quitter définitivement les lieux. PC portables sous le bras. Laissant plusieurs disques durs du QG formatés, ou manquants. Détruisant un nombre important de factures de prestataires, afin de « faire du chantage pour être payés jusqu'au bout en échange des photocopies. »

Des gens, Thierry Solère en tête, auraient envoyé des SMS aux équipes de Macron à peine les réunions importantes étaient-elles terminées. En tout cas, c'est ce qui se disait au sein du QG. François Fillon aurait en tout cas doucement perdu confiance en ses équipes rapprochées.

Ainsi, ce qui devait inévitablement arriver, arriva. Le 3 mars 2017, les mots de passe subtilisés et les 'chevaux de troie' présentsau sein des équipes de Frabçois Fillon lanceraient leur première « boule puante » d'importance.

"Les jeunes avec #Fillon appellent au retrait de François Fillon" #NotLeGorafi, se réjouissait alors Ellen Salvi de Mediapart sur son compte twitter. Les militants juppéistes, et autres sécessionnistes, venaient d'usurper l'identité des jeunes avec Fillon afin de discréditer davantage le candidat de la droite et du centre empêtré dans les affaires.

Cédric Rivet-Sow, président des jeunes avec Fillon, avait à cette occasion vivement réagi, et dénoncé « l'utilisation abusive et illégitime » du compte Twitter du groupe par « des membres démissionnaires » du bureau national.

« Nous apprenons que certains membres du bureau national des Jeunes avec Fillon s'expriment au nom de l'organisation dont ils ne font plus partie à la suite de leur démission ou exclusion. [...] Nous nous réservons le droit d'engager des poursuites judiciaires à l'encontre de toute personne usurpant l'identité du mouvement et bureau national des Jeunes avec Fillon », avait-il ensuite précisé dans un communiqué.

Le 13 mars 2017, second coup de semonce. Ce sont cette fois 100 jeunes avec Juppé qui appelaient clairement leurs camarades à quitter la campagne LR afin de rejoindre En Marche.

Le délégué national des Jeunes républicains, Louis Soris, préférait toutefois relativiser : « Il n'y aura aucun impact sur notre mouvement puisque ces gens avaient déjà fait leur choix. François Fillon n'a jamais été leur candidat. Ils veulent juste se réactiver pour obtenir quelques places dans l'équipe d'Emmanuel Macron, qui sait. »
L'avenir lui donnera raison.

L'un de ces juppéistes, Mehdi Bekkali, écrivait d'ailleurs dès le 27 novembre sur les réseaux sociaux: « Il est grand temps de quitter le navire. » Il s'affichait alors fièrement en photo avec Emmanuel Macron. D'autres, à l'instar de Marc Bonnet, ont rejoint En marche ! bien avant que la tribune soit initiée.

Il s'agirait ainsi ainsi tout au plus d'une manœuvre opportuniste, voire carriériste, destinée à nuire aux équipes de François Fillon et de postuler au sein de celles en pleine ascenssion d'Emmanuel Macron, tout en apportant ce faisant la dot de la mariée avec eux. Une militante des Jeunes avec Fillon expliquait cependant avoir eu accès grâce à des amis juppéistes au groupe de conversation grâce auquel Mathieu Ellerbach aurait exposé son plan « de déstabilisation » de la campagne des Républicains aux militants juppéistes. « Ils n'auraient pas osé faire ça tous seuls, il doit y avoir du Vincent Le Roux là derrière ? », se demande en réponse un autre militant.

« Chroniques de l'ancien monde », pourrait-on en tout cas légitimement penser de ces pratiques politiques imputées à En Marche, qui reviennent au gré d'une dizaine d'auditions de militants et cadres œuvrant au sein du QG de la campagne de François Fillon.

« Le départ des 'Juppé' a été un soulagement pour nous. On n'en pouvait plus d'eux et de leur attitude dégueulasse. L'ambiance était meilleure et on a enfin pu mettre en place plein d'actions qui avaient été bloquées depuis des semaines par eux », nuancera pour sa part une militante présente tout au long de la campagne. Sourire et affichant une petite note de gaieté dans la voix. « Ça devenait à nouveau un bonheur de venir au QG ! »

« Pas mal de gens ont été choqués par le ralliement d'Alain Juppé à Emmanuel Macron, alors même qu'il ne payait pas ses cotisations à LR. Juppé avait finalement créé l'UMP non pas pour rendre service à Chirac, mais pour servir ses propres intérêts. »

Le vendredi, les équipes prirent pourtant un moment afin de décompresser un peu. Le QG était désert, alors les militants présents organisèrent à 13h dans «le local» un buffet campagnard. « On est invités à manger avec le boss», se réjouissaient déjà certains. François Fillon semblait pourtant réellement éprouvé. « On a du lui remonter le moral », se souvient Diane Gendry, coordinatrice au sein du QG de campagne de Mid Generation. Plusieurs cadres, épuisés et moralement usés, avaient cependant du se retirer temporairement de la campagne.
Tout se jouerait le week-end suivant. La tension était à son comble.

Le samedi 4 mars, la « Société civile » organisa en effet son grand rassemblement à Aubervilliers à l'initiative de Pierre Danon. Tandis que Muriel Reus choisissait la salle et coordonnait les préparatifs, Marguerite Hedde préparait en lien avec les responsables des comités thématiques des fascicules et dossiers de presse destinés à expliquer la vocation et les réalisations des comités au grand public en général, et aux membres des autres comités en particulier.
Tous les responsables de comités étaient présents, siégeant derrière des petits stands afin de discuter avec les militants et présenter leurs actions, puis prenant la parole sur scène de manière davantage officielle aux côtés de François Fillon.

« Je me souviens bien de l'ambiance. Nous avions réalisé un ' François Fillon' en carton que nous avions posé devant notre stand, juste en face de l'entrée. Je regrette juste que la presse ait prétendu qu'il s'agisse d'un meeting, car c'était une réunion des militants fillonistes. En plus la salle était trop grande, ça a donné du grain à moudre aux journalistes », se souvient Diane Gendry.

Le jour même, François Fillon fêtait son anniversaire. Quelques uns des militants le lui souhaitèrent pour la forme, mais aucun événement particulier ne fut organisé à cette occasion.

L'année écoulée lui semblait déjà avoir duré une éternité...

## X.    Le Trocadéro : le dernier carré résiste aux assauts juppéistes

5 mars 2017. De violentes bourrasques de vent balayaient la place du Trocadéro. Humide. Froide. Au milieu d'une foule éparse, un vieil homme attendait emmitouflé dans un manteau en cuir un peu rappé. Il devait bien avoir 80 ou 85 ans, mais restait impassible sous la pluie. Tout autour de la place, des affiches à l'effigie de François Fillon et des drapeaux français trônaient aux balcons.

« Je suis fier d'être ici », expliquait-il aux deux jeunes militantes fillonistes qui venaient de lui proposer de le mettre à l'abri d'ici à ce que débute le meeting. Deux heures plus tard. Le vieil homme leur sourit, et déclina poliment leur offre. Le visage ruisselant de gouttes. « Fillon me rappelle De Gaulle. La même stature. Ça me redonne espoir pour mes petits-enfants. Mon frère est mort pour la France, pour n'avoir pas voulu suivre un dictateur, alors si je dois mourir sur cette place, et bien j'y mourrais. Je ne me déshonorerais pas ! »

Les deux jeunes femmes resteraient profondément marquées par cette rencontre.

« Il y a eu beaucoup de déclarations mensongères ! Les gens qui se sont rassemblés au Trocadéro n'étaient pas des radicalisés ! Il faut l'avoir vécu pour comprendre l'émotion forte qui portait tous ces citoyens ! », insiste bien Viviane Chaine-Ribeiro, qui elle-même prit part à la fois au rassemblement d'Aubervilliers et à celui du Trocadéro. Et ne manqua pas d'y inviter tout son réseau personnel.

« Il n'y avait pas de plan B. Les français de droite et du centre ont plébiscité le programme de François Fillon. Il représente le seul dénominateur commun légitime aux différents courants de la droite française. Il aurait été inconcevable de mettre Juppé à sa place, car il n'aurait pas appliqué le programme de Fillon. Et le programme de Juppé, la droite n'en voulait pas ! », explique Antoine de Chemellier, devenu vice-président des Jeunes avec Fillon. « On nous avait parlé quelques jours avant de faire un meeting différent, un coup de poker pour arrêter l'hémorragie. Le Trocadéro, c'était notre soleil d'Austerlitz. »

### 1.    Les «résistants»

Dès 9h, les caisses de drapeaux, les grilles et les pancartes affluaient auprès des tentes de

128

l'organisation. Au sein du musée de l'Homme, des briefings se succédaient afin d'organiser l'accueil des participants au sortir des bouches de métro ou d'optimiser le roulement des bus. Un brouillard flagellait alors Paris d'une halitueuse torpeur. Les différents bulletins météo consultés sur les smartphones prenaient d'assaut les nerfs des militants fillonistes. Les médias volaient en escadrilles de bombardement, alors que très peu de précisions remontaient des fédérations en province quant à la mobilisation des fillonistes. La veille au soir, au terme du meeting d'Aubervilliers, rassemblement à la fois été épuisant pour les militants et décevant en terme de remplissage de la salle, chacun éludait précautionneusement le sujet. « 30'000 personnes dans ces conditions, ce serait déjà une belle victoire ! », osait en fin de matinée Héloïse Maindiaux, qui accueillait inlassablement les premiers visiteurs. Flagellée par les embruns, blottie dans son chasuble trempé jaune fluo d'où dépassait une veste et des gants en laine.

A partir de 13h, un ballet de bus affluera toutefois à Paris. D'un seul coup. A leurs fenêtres, de petites banderoles et affichettes « Équipe Fillon » étaient ostensiblement collées. Leurs répondaient les klaxons des automobilistes, se faufilant tant bien que mal entre eux. Ils arboraient des plaques minéralogiques aux noms aussi évocateurs que Côte d'Or, Aube, Loiret, Sarthe ou Meurthe et Moselle, étaient surmontés de petits drapeaux français ou présentaient sur leur plage arrière des panonceaux « Mid Génération avec Fillon », « Entrepreneurs avec Fillon » ou encore « Les jeunes avec Fillon » et offraient un dantesque concert aux riverains. Un condensé de la droite française, fièrement agglutiné en bord de Seine. Ci et là, des cars de CRS forçaient à leur tour le passage afin de rallier la grande place du Tracadéro, tandis que des policiers s'efforçaient de fluidifier quelque peu la circulation dans les rues de Paris. « Un joyeux foutoir », commentera un militant nordiste.
Les filllonistes se sentaient enfin à nouveau victorieux, paradant comme autant de hussards noirs avides de donner une leçon de démocratie aux médias.
« On était plus de 100 personnes à venir du Morbihan à Paris en train, et a priori aucun militant de Sens commun », se souvient aussi Soizic Perrault, comme pour faire un pied de nez à Libé et consorts qui avaient raillé les jours précédents les participants à la mobilisation.

Des cadres des comités Femme avec Fillon du Var et du Vaucluse, de leur côté, décidèrent de louer conjointement une chambre d'hôtel afin de participer aux deux événements. Ce ne sont ainsi pas moins de 600 personnes qui firent ensuite le déplacement depuis le Var jusqu'à Paris, louant plusieurs wagons entiers de TGV deux jours de suite. « On a été choquées de voir quelqu'un troubler la manifestation d'Aubervilliers, alors ça a galvanisées nos troupes le lendemain », se souvient Carole Barisone, présidente des Femmes avec Fillon du Var.

« Je suis venue exprès du sud de la France pour soutenir Fillon. Je vote pour mes enfants, pour leur donner un avenir, et ça ne me dérange pas de me payer un billet et de venir jusqu'à Paris si c'est pour mes enfants ! », expliquait une jeune caissière de supermarché aux militants présents avec elle à l'arrière de la scène. Installée en plein courant d'air sur la dalle du Trocadéro, et y attendant de pouvoir monter sur l'estrade à la suite de François Fillon et des élus restés fidèles.

« Pour rien au monde je ne serais pas venue, je ne me le serais pas pardonnée!», ajoutait-elle, face à une place du Trocadéro désespérément vide. Quelques étudiants tout juste âgés de 20 ans, affublés de leurs t-shirt 'Équipe Fillon', de drapeaux tricolores et de banderoles 'Jeunes avec Fillon ', ont fait le trajet en voiture spécialement depuis l'Alsace, en dépit de leurs examens la semaine suivante, afin d'être présents sur la place. « Dites-lui de ne pas lâcher, on est tous avec lui ! », lançait un vieil homme en se balançant sur les grilles de chantier devant la scène, dont l'enthousiasme tranchait d'avec sa moustache grise ébouriffée et sa vieille veste en cuir. « Il est déjà parti ? On aimerait lui dire qu'on va aller jusqu'au bout et faire des selfies avec lui », demandait un groupe après une longue séance de coude à coude pour s'avancer au plus près de la scène.  « Vous le verrez bientôt ? On aimerait lui dire qu'on le soutient et que c'est lui notre Président », lançaient des militants aux cadres restés sur place alors que l'arrière scène se vidait.

Le rassemblement a en tous les cas été une franche réussite aux yeux des militants et sympathisants fillonistes présents ce jour-là. Ébranlés, pointés du doigt, abandonnés, trahis, parfois se sentant esseulés dans leurs départements, tentés pour certains d'abandonner, ils reprenaient enfin confiance et sentaient enfin à nouveau leur force collective. « J'étais au quatrième rang sur la scène, alors on ne voyait pas la place, mais je voyais surtout tous ces drapeaux qui flottaient aux fenêtres du Trocadéro et tous ces gens qui applaudissaient de là-haut et sortaient sur les balcons malgré la pluie. A la fin, quand la Marseillaise a embrasé la place, je me suis dit : 'on a gagné, c'est bon !' », se souvient Joëlle Baderspach. Pour les militants de droite, le Trocadéro marquait un nouveau départ de la campagne. Sur le terrain, les équipes chargées de tracter recevaient de plus en plus souvent des encouragements de la part des passants. Clins d'œil, empoignades et félicitations. Des insultes à nouveau, également. Tout semblait encore possible, et les militants de François Fillon, tout comme ses détracteurs, redoublaient d'efforts en vue du sprint final.

« Personne ne peut m'empêcher aujourd'hui d'être candidat », conclut le soir venu François Fillon, invité du journal de 20h de France 2. La veille encore, rien n'était moins certain.

## 2.    Des tentatives pour affaiblir la mobilisation du Trocadéro ?

« Lorsqu'on a appris pour le Trocadéro, c'était à la fédération LR de Bordeaux d'organiser le transport en bus des militants, explique amer Pascal Bérillon, pourtant ils nous ont laissés tomber et on a du se débrouiller tout seuls. Jusqu'à la veille au soir, on n'était même pas sûr d'avoir un bus alors qu'on partait le matin à 4h. »

Des pressions plus ou moins appuyées de la part des sympathisants d'Alain Juppé ont ainsi été signalées par différents cadres des équipes Fillon à travers toute la France. Mais c'est naturellement à Bordeaux, le fief du « Bonze », qu'elles atteignaient leur acmé.

A l'occasion de la mise en place de bus au départ de Bordeaux et à destination du Trocadéro, il a en effet fallu que les instances nationales du parti interviennent afin que la question soit tranchée. Au moment de battre le rappel, la fédération, aux mains des proches d'Alain Juppé, se serait pour sa part contentée de ralentir les choses au maximum, accumulant les ordres et contre-ordres, voire de refuser l'accès aux listes de diffusion d'informations pour les militants Les Républicains. Alors que la réservation d'un wagon de TGV avait été initialement évoquée afin de faciliter la 'montée des aquitains à Paris', la fédération de Bordeaux aurait rétorqué qu'il n'y aurait 'pas assez de militants fillonistes' pour le remplir. « Juppé faisait circuler la rumeur selon laquelle personne ne viendrait soutenir Fillon depuis Bordeaux, car la ville serait avec lui », explique Pascal Bérillon. Pour Alain Juppé, l'exclusivité 'juppéiste' tant vantée de son bastion de Bordeaux devenait une sorte d'argument de crédibilité pour engager la suite de ce qui ressemble à de grandes manœuvres de politique politicienne.

En parallèle, les militants fillonistes ont dû réactiver leurs réseaux issus de la Primaire et contacter les gens intéressés, un à un, par le biais des réseaux sociaux, d'internet ou du bouche à oreille, afin d'organiser avec elles le déplacement. « On a perdu beaucoup de monde comme ça, des gens qui ne savaient pas et d'autres qui ont été exaspérées par toute cette incertitude. S'ils avaient fait leur travail proprement à la fédération, on aurait rempli au moins deux bus, j'en suis sûr. Mais le Trocadéro ne les arrangeait pas, car ils étaient déjà prêts à se poser en 'plan B' contre Fillon ! En tout cas Juppé n'aurait jamais repris le programme de François Fillon, et le programme de Juppé on n'en voulait pas, alors on a tout fait pour se mobiliser en nombre ! »

Une quinzaine de personnes sont ainsi parties de Bordeaux la veille en covoiturage afin de se rendre aux meetings de la Société Civile, et ont passé la nuit à Paris. Une cinquantaine d'autres militants fillonistes se seraient organisés pour rejoindre Paris le dimanche matin en covoiturage ou en TGV, afin de contourner tout simplement ces problèmes de bus. « L'important c'était d'y être. »

Au départ, les caméras de BFMtv et de FranceTv scrutaient le remplissage des bus. Tout au long du trajet, des journalistes de France 5 ont suivi les fillonistes jusqu'à Paris et ont pris leur pouls à chaud. « Tout le monde savait qu'on serait accompagnés par les médias, parce qu'on était les fillonistes de Bordeaux. Bizarrement, la journaliste avait l'air étonnée de voir autant de monde sur place, et nous confiait qu'elle ne s'attendait pas à une telle ambiance. J'imagine bien la tête de Juppé ce jour-là devant sa télé en comprenant que c'était définitivement fini pour lui ! »

Depuis la Dordogne, aucun bus n'avait été affrété en revanche. Alors que Carine Tilleul demandait au secrétaire départemental LR si un transport par bus serait organisé par la fédération, ce dernier répondait pourtant systématiquement: «oui, oui, oui .» Un coup de fil à Paris le lendemain lui apprendrait pourtant qu'aucun bus n'avait été demandé par la fédération LR, mais qu'il était en revanche tout à fait possible d'en commander un. Le délai trop court suite à ces atermoiements compromettra l'organisation du voyage par ce biais. Qu'à cela ne tienne, les militants montèrent en hâte un planning afin de gérer un co-voiturage à grande échelle. Hervé Coulaud, filloniste de Limoges, avait même proposé de faire venir un car en son nom propre, demandant juste une contribution financière aux militants qui l'utiliseraient afin de répartir les coûts.

Les arguments de la « mobilisation contre la justice » et de la vague « Sens commun » seront en revanche largement diffusés, par la presse comme par les militants opposés à François Fillon. Les opposants internes en premier lieu. « J'en veux à Valeurs actuelles d'avoir voulu faire du sensationnalisme. Leur journaliste s'était d'ailleurs excusé après coup pour le ton racoleur de leur 'Une', il a compris que c'était une erreur », conclut Madeleine de Jessey.

## XI.  Seuls contre tous

« Les locaux faisaient 2500m², mais d'un coup on se retrouvait à 40 personnes à devoir tenir la barre. On se demandait tous s'il fallait arrêter, mais on voulait continuer à y croire », Se souvient Antoine de Chemellier. Le jeune homme deviendra dès lors vice-président des Jeunes avec Fillon, afin de pallier aux défections des vice-présidents issus des autres écuries.

Esseulés, les fillonistes se sont concentrés sur leur cœur militant et sur cette société civile avec Fillon qui avaient déjà l'an passé réussi à mobiliser fortement les français en faveur de son candidat. La scission entre leméristes et juppéistes « traîtres » et filloniste a été ressentie par beaucoup de militants de la campagne comme une libération.

L'ambiance, paradoxalement, était redevenue excellente. « On faisait même des matchs de foot dans les couloirs du QG, et j'y ai laissé mon genou. On a bossé comme des dingues, mais c'était redevenu convivial, comme avant. Acta non verba, des actes et non des mots », se souvient François Miquel.

Un moment de flottement, également, et d'hésitations. «Je me souviens que ceux qui envoyaient des mails aux comités de la société civile n'avaient pas enlevé les adresses de ceux qui avaient fait défection. D'autres partis recevaient du coup nos mailings à travers eux», se souvient par exemple une cadre de la société civile. « Les personnes à l'informatique, des gens détachés de LR, ont aussi changé des choses. C'était bizarre tout ça.. »

Les organigrammes ne seront en outre pas actualisés avant de longs jours, comme si le temps avait suspendu son vol.

Le directeur de campagne resta encore quelques jours auprès des équipes de François Fillon afin de préparer le rassemblement du Trocadéro, puis se volatilisa. « J'ai travaillé trois ans avec Patrick Stefanini, mais il n'est même pas venu nous dire au-revoir. Ce n'était pas correct du tout de sa part », se souvient une cadre de la campagne.

Quelque jours avant la fin de la campagne, le 8 mars 2017, pour la journée de la femme, c'est près de 1 000 femmes qui se rendront au QG de campagne pour assister au grand débat pour les femmes. «François Fillon y fera un discours remarqué, engagé, suivi par des tables rondes avec des parlementaires et des personnalités de la société civile », se souvient Muriel Réus, qui les animait.

« Alors que Patrick Stefanini avait « oublié » la Société Civile pour la présidentielle, curieusement il accepta mes demandes pour organiser ce dernier événement dédié aux femmes. Je dois reconnaître que sur ce point-là, il m'a soutenue, et c'est lui qui a donné le go juste avant de rejoindre le Grand Débat. Même si je n'ai jamais eu le soutien des équipes de communication, et en particulier de Myriam Lévy qui jamais n'a su percevoir l'importance des femmes dans la campagne, Eléna Sézanne-Courtel, Dorian Martinez, Caroline Kowarski et moi-même avions rondement mené ce dernier challenge. »

Les fillonistes ont cependant reçu à partir de mars 2017 le soutien de beaucoup de militants sarkozystes. « Quand on leur a laissé enfin la main, ça a bien fonctionné. On aurait du dès le départ s'appuyer sur eux et non sur les juppéistes pas fiables », affirme Héloïse Maindiaux. « On était contents, car on les avait enfin foutu dehors et on pourrait retravailler correctement ! »

Dans la rue, les militants fillonistes recevaient certes toujours des quolibets, mais aussi de plus ne plus fréquemment des clin d'œils tacites et des encouragements verbaux. « Ne lâchez rien », « la France a besoin de vous », « merci pour tout ce que vous faites. » Au courant de mars 2017, une accalmie semblait en passe de s'installer dans l'esprit des français. Non pas que les « inquisiteurs » de Médiapart, du Canard enchaîné ou du Monde en aient fini avec leur 'syndrome de Zola', mais le ras-le-bol des français de droite,- mais aussi de gauche -, devenait de plus en plus palpable. Ces derniers prenaient du recul, ils commençaient à douter pour certains des motivations des enquêteurs. Certains ressentaient une injustice électorale, et trouvaient ces pratiques incompatibles avec la démocratie. « De toute façon ils font aussi ça avec nous, ils nous caricaturent et mentent », « ras-le-bol des journalopes, c'est de la pensée unique », lançaient ci et là des militants frontistes ou Insoumis. S'ils critiquaient le fond des accusations à l'encontre de François Fillon, c'est à dire son goût pour l'argent et sa propension à profiter des failles du système, ils reprochaient la forme que prenaient ces attaques. De fait, une certaine sympathie semblait lier les militants de ces différentes écuries. Des amitiés se créèrent même à cette occasion. « De toute façon j'ai beaucoup de respect pour les gens de la manif' pour tous et de la marche pour la vie, car ils sont comme nous : ils défendent la vie et dénoncent l'esclavage des femmes par la GPA », expliquait en avril 2017 une militante La France Insoumise à un groupe de militants fillonistes venu tracter sur la place de la République de Lille. « Moi aussi je suis catholique, et je ne vois pas en quoi ça m'empêche d'être humaniste ! », expliquait un militant du parti socialiste en mars 2017 dans le Morbihan à une voisine qui militant en faveur de François Fillon.
« J'ai réussi à motiver plusieurs professeurs de philo, et ils ont choisi de voter pour François Fillon au nom de la défense de la démocratie. On a une formation qui nous incite à ne pas

prendre pour argent comptant tout ce que racontent les journalistes ! », ajoute quant à elle Esther Jakobowitz.

« Les gens ont été choqués par l'attitude des médias. Ils ont traité Fillon comme un grand brigand, alors qu'au final on ne l'accusait que de faits secondaires, et en plus c'était légal », renchérit Yves d'Amécourt.

Dans plusieurs département, des gens poussaient pour la première fois la porte des comités Fillon afin de s'engager en leur sein. Les comités Force Républicaine vivaient ainsi une situation très paradoxale. Au plus bas dans les sondages, ils étaient à leur maximum d'efficacité sur le terrain. Tous les espoirs redevenaient permis. La défection des fantassins d'Alain Juppé décuplerait au final la motivation des cadres et militants en charge de la campagne présidentielle des Républicains. La vexation des fillonistes quant au traitement médiatique jugé dégradant à leur encontre, et l'attitude d'une masse de militants des autres écuries, leur donnera un puissant carburant pour finir la campagne sur les chapeaux de roues.

« En trois jours, on a fait ce qui aurait du être fait depuis trois mois », en conclut François Miquel, « on avait retrouvé notre esprit guerrier de la Primaire ! »

## XII.  Les costumes de Bourgi, la dernière goutte d'eau

« Bourgi n'a pas fait ça sans l'assentiment de Nicolas Sarkozy, il l'a d'ailleurs raconté lui même. Le procédé porte une signature », croit deviner Loïc Leprince-Ringuet, avant d'ajouter : « François Fillon s'est fait avoir. Mais d'un autre côté, comment voulez vous que, pris dans le feu de sa campagne et accaparé de toutes parts, il puisse voir tous les traquenards qui lui sont destinés? Au fond quand on est droit, ce qu'est François Fillon et j'en suis intimement convaincu, on ne raisonne pas systématiquement en termes de coups bas... »

Une semaine auparavant, la situation s'était relativement apaisée. Les équipes de campagne soufflaient enfin un peu et espéraient une fin de cet acharnement médiatique. La mobilisation du Trocadéro avait en effet représenté  une grande légitimation pour eux, la vapeur était renversée, et des jours meilleurs leurs étaient enfin promis. Les quolibets se faisaient plus rares sur le terrain, au contraire des encouragements qui se fortifiaient à mesure que l'on s'approchait du but. Beaucoup de fillonistes reprenaient ainsi espoir, alors que leur implication sans faille sur le terrain semblait porter ses fruits. Fierté et satisfaction reprenaient leurs droits.

Puis vint Bourgi et, avec lui, le coup de grâce.

Le 12 mars, le Journal du Dimanche révélait que François Fillon s'était fait offrir des costumes, pulls, pantalons et autres vêtements pour une somme de 48500€, dont auraient été réglés 35500€ en liquide. Un « ami » anonyme les avait acquis à la boutique de luxe Arnys, qui se révéla être Robert Bourgi. Le Monde révéla ensuite que deux costumes sur mesure supplémentaires avaient été commandés le 7 décembre 2016, soit neuf jours après le second tour de la Primaire, puis payés le 20 février 2017.

« Fillon a été stupide, il aurait fallu demander à Stefanini et il l'aurait mis en garde car c'était trop dangereux d'accepter un tel cadeau si près du but », estime cependant un cadre du pôle mobilisation de la campagne. « Fillon aime l'argent, et il aurait fallu se méfier parce que c'était trop gros... Dans une entourloupe, il y a l'escroc et la victime. Fillon s'est fait avoir en acceptant ce cadeau, c'est sa faute. » Un autre membre du QG ajoutera même, « quand on a appris ça, on n'y a pas cru. On pensait à un canular. Puis Fillon nous a confirmé pour les costumes, comme si de rien n'était. J'ai pensé sur le coup : 'mais qu'il est con !' »

Un cadeau de Robert Bourgi aura davantage blessé François Fillon que des semaines de bombardement médiatique. La goute d'eau en trop, peut-être, ou l'impresssion d'avoir face à

136

soi un candidat cloîtré dans sa tour d'ivoire, déconnecté des préoccupations et des passions désormais exacerbées des français. Des semaines ont été nécessaires afin de panser la plaie béante, et voici que le blessé lui-même retire sans y prêter gare le sparadrap.
Sans en incriminer forcément Fançois Fillon, beaucoup de militants reçurent cependant un violent coup sur la tête.
La polémique était repartie de plus belle.

« Quand j'ai vu ça, j'en eu envie de casser l'écran de TV. On sentait clairement une volonté derrière, c'était la cabale de trop. Le travail des journalistes était très bon : il a été quasi-impossible d'argumenter avec les gens dans la rue les jours suivants. Je suis en colère », explique pour sa part Michèle Laroque, primo-militante qui a rejoint les équipes Fillon après les débats de la Primaire. Assez ignorée par la fédération LR locale, elle s'était arrangée depuis décembre 2016 pour faire campagne dans son quartier. Accompagnée de son époux. Seuls. Dans le quartier voisin, c'est un primo-militant de 85 ans, Claude G., qui faisait le travail de tractage que les militants de la fédération LR ne faisaient pas. Cette situation se rencontrait également auprès des militants fillonistes membres des Républicains, mais relativement marginalisés par leur parti. « Quand les gens me voyaient avec des tracts Fillon en main, ils souriaient ou m'ignoraient simplement. Mais ils étaient normaux. Rien à voir avec ce que prétendaient les 'militants pro' à la fédé pour refuser de se mobiliser. » Michelle Laroque tractait ou collait ainsi deux fois par jour durant deux mois, et s'astreignit à trois reprises à déposer des tracts dans toutes les boites aux lettres de son secteur. Un travail assez prenant, se souvient-elle. La dynamique militante explique en outre avoir entretenu durant la campagne des rapports cordiaux avec les militants socialistes, respectueux du travail militant, et s'être rapidement arrangée avec eux afin de se répartir les panneaux d'affichage publics. Ainsi, les deux écuries arrivèrent à faire coexister en bonne harmonie les affiches à l'effigie de Benoît Hamon et celles représentant François Fillon. Côte à côte. Les équipes de Jean-Luc Mélenchon ou de François Asselineau collaient, elles, de manière souvent 'sauvage' et sur tout support à portée de leurs pinceaux à colle. Barrières de chantier, murets, réverbères et vitrines de commerces abandonnés. Que ce soit légal ou pas leur importait. Les équipes d'Emmanuel Macron en revanche n'existaient simplement pas sur le terrain, raconte-t-elle, ou en tout cas n'ont jamais collé la moindre affiche à proximité des siennes. Il n'existait, estime-t-elle qu'à travers les médias et la « bulle » qu'il avait su constituer autour de sa candidature.

Dans les différents départements, la récupération du matériel militant se faisait toujours de manière très  artisanale. Les fédérations et militants LR avaient à nouveau tourné leur dos aux fillonistes., et cette fois pour de bon La lutte d'influence en vue de l'après-campagne et des législatives reprenait également de plus belle. « Les tracts étaient en retard et en quantité insuffisante. On n'avait aucun matériel secondaire, peu d'instruction et plus aucun soutien moral de la part de la fédération », se souvient une militante.

Pourtant, les équipes redoublaient d'activité, s'enferrant finalement dans le travail et leurs convictions afin de ne pas penser au lendemain. Trop incertain, quelle que soit l'issue du scrutin.

« On va probablement perdre, mais si on doit perdre alors ce sera avec lui, parce qu'on n'est pas des lâches ou des opportunistes ! », lançait en avril 2017 un vieil homme à un petit groupe de militants parisiens. « Nous, nous avons beaucoup plus d'Honneur et de panache que tous ces rats qui ont quitté le navire dès les premières vagues ! », ajoutait-il, alors que la jeune Salomé Petremand engageait la conversation avec lui. Étudiante à Sciences Po Saint Germain et déléguée centrale des jeunes de la Droite populaire, la jeune femme était jusque-là restée à l'écart de la campagne. Priorités estudiantines obligent. Active cependant sur les réseaux sociaux, elle augmenta sa participation à la campagne dès la « trahison des juppéistes et leméristes», puis s'engagea fortement après le Trocadéro afin de soutenir le dernier effort des militants. « Je voudrais que ce soit la justice qui tranche, et non pas une opinion publique manipulée par les médias », ajoute-t-elle.

Une impression de lassitude et un certain écœurement accompagnaient la totalité des récits qui étaient faits de la dernière phase de la campagne.

Le soir du 23 avril 2017, un déluge d'eau glacée s'abattit sur les fillonistes. Depuis plusieurs jours ils reprenaient pourtant espoir, remontaient dans les sondages et faisaient campagne plus facilement. Étrangement, les publics croisés au détour des tractages et réunions publiques écoutaient davantage. Regain de civisme, osent espérer certains. Alors que les fédérations organisent le scrutin et recherchent des assesseurs pour prendre place dans les bureaux de vote, de nombreux militants de François Fillon ne manquent pas de railler l'absence flagrante des militants d'Emmanuel Macron. « Ils n'ont personne en fait », osent certains. Au cours de la journée, quelques « touristes » électoraux se réclamant d'Emmanuel Macron vinrent tout de même « contrôler la tenue du scrutin. » Moins d'une minute pour se faire bien voir, préciser qu'ils vérifient qu'il n'y ait pas de « magouilles», avant de repartir profiter de leur dimanche. Le nouveau monde, en somme.

Marie-Claude Bebel, l'une des responsable de Mid Génération pour l'Alsace, constatera même une fois dans son bureau de vote qu'elle avait été radiée des listes électorales. Elle ne pourrait glisser l'enveloppe contenant le bulletin portant le nom de François Fillon dans l'urne. Une situation exceptionnelle, qui l'avait horrifiée. Comme elle, des dizaines de milliers de citoyens ne pourront voter à l'élection présidentielle. Certains iront par la suite jusqu'à porter l'affaire au tribunal afin de « recouvrer leur droit de vote. »

De temps en temps, des SMS s'échangeaient au cours de la journée entre militants fillonistes postés dans les différents bureaux de vote. Subrepticement. Sorte de talisman afin se remémorer le triomphe de la Primaire, et d'entretenir leur espoir profond. Mais le cœur n'y était plus, la campagne avait en effet dégoûté beaucoup d'entre eux. Sur les forums et sur facebook, les plans sur la comète succédaient aux questionnements sur le second tour. « Ce sera Fillon ou rien », tranchaient déjà certains.

7'212'995 de français votèrent pour François Fillon. Il ne lui manquait ainsi que sept électeurs par bureau de vote pour parvenir au second tour en lieu et place de la candidate frontiste. Le manque de mobilisation des cadres et militants des Républicains, le refus des juppéistes d'honorer le pacte de la Primaire et l'acharnement médiatique continu que subit François Fillon, conjugués à l'affaire des costumes qui a consciencieusement grippé la dynamique les dernières semaines, et pour laquelle Rachida Dati et Nicolas Sarkozy sont pointés du doigt par de nombreux cadres, seront les marqueurs d'une nouvelle ère politique pour les fillonistes.

Objectif France et Force Républicaine en retireront une certaine légitimité, tandis que l'autorité et les injonctions des cadres du parti « Les Républicains » seraient de plus en plus contestées par cette base militante désabusée.

## XIII. La question du vote pour le second tour

« François Fillon a fait 20 %, plus que Chirac au premier tour en 2002. Ca prouve bien qu'il y avait derrière lui une adhésion forte, une adhésion autour de sa personne, de son programme et de ses idées. Son socle ne s'est jamais écroulé, on a tenu bon ! Et ce qu'il faut retenir, c'est que ces 20% sont toujours là, ils n'ont pas disparu dans la nature », se console Astrid Renoult. Maigre médaille de bronze, à l'aune d'une déroute jadis inenvisageable. « Les militants d'Alain Juppé en plus de se réclamer d'un coup les seuls porte-paroles de la droite, ont fait davantage campagne en 4 jours avant le second tour pour soutenir le candidat Macron, que durant les six mois précédents », explique de son côté une élue Les Républicains de Bretagne.

« Au QG, tout le monde était dépité. Lorsque François Fillon a annoncé à l'antenne qu'il appelait à voter pour Macron, un cri de colère a raisonné dans la salle », se souvient Madeleine de Jessey. D'autres militants feront part du même ressentiment et de la même colère. Après toutes les souffrances endurées durant la campagne, ce « vol démocratique », le vol supposé de données personnelles des militants par En Marche, le double jeu des juppéistes, les manigances du parti et l'acharnement des médias, - « à la botte de Macron », ne manqueront pas d'ajouter d'aucuns -, une large portion des militants fillonistes ne pouvaient se résoudre à donner un blanc-seing à En Marche. Les uns soutenaient qu'il fallait voter avec une pince à linge sur le nez en faveur d'Emmanuel Macron, les autres qu'il faudrait souffrir de voter Le Pen. Par Principe. Seuls les élus, craignant par-dessus tout d'être critiqués par les médias et d'être taxés de l'une de ces sempiternelles « phobies » à la mode, rentrèrent comme un seul homme dans le rang. Au fond, qu'auraient-ils pu faire d'autre alors que François Fillon avait donné ses instructions et qu'un scandale de collusion avec le FN aurait risqué de fragiliser encore davantage la position de la droite aux législatives? Les proches Nicolas Dupont-Aignan avaient probablement servi de banc d'essai.

Beaucoup, enfin, préféraient l'abstention, se laissant la possibilité de changer leur fusil d'épaule au dernier moment en fonction des sondages. « Je vote Fillon au second tour, car c'est ce qu'on aurait tous fait si les juges et les médias n'avaient pas volé l'élection », se vantait un militant haut-rhinois. Certains fillonistes n'hésitaient pas à demander à leurs amis s'ils avaient conservé quelques bulletins 'Fillon' en double afin de réaliser leur 'pied de nez à Macron.' « J'ai un pote, il a voté Giscard, pour pouvoir désormais dire à son père que lui aussi il avait voté Giscard », ajoute pour sa part une jeune filloniste de l'Oise. « Certains ont voté 'Osez José', d'autres 'Laurent Blanc' », s'amuse aussi Antoine de Chemellier. « J'ai voté Michel Blanc en hommage à Macron, car ça prouve que sur un malentendu ça peut marcher ! » confie, un peu hilare, un militant nordiste. Après une campagne éreintante, psychologiquement étouffante, les esprits étaient au fond assez soulagés de pouvoir enfin se relâcher au lendemain du Premier tour. Paradoxalement.

Marine Le Pen était en effet mécaniquement incapable de remporter l'élection, le principe du « front républicain » constituant toujours une digue de poids, et bien des fillonistes craignaient au contraire de renforcer En Marche pour les législatives en autorisant une trop forte avance à Emmanuel Macron.

« Je ne peux pas voter sans convictions, au motif que la bien-pensance a décidé qu'il fallait faire barrage. Si le vote m'oblige à me trahir, alors je ne vote pas », explique en revanche Salomé Petremand, membre du bureau national des jeunes de la Droite populaire et rédactrice du communiqué de presse envoyé par son mouvement appelant à « aller à la pêche au brochet » le jour du second tour de l'élection présidentielle.

De même, Madeleine de Jessey explique avoir défendu le choix de Sens commun de « laisser le choix aux militants. »

Ancienne ministre, député et présidente d'Action droits de l'Homme, Françoise Hostalier fut en revanche la première figure importante des Républicains à franchir le Rubicon. « Entre la peste et le choléra, je préfère le choléra car ça se soigne. Le Pen présidente ruinerait l'économie française, mais ce n'est que de l'argent, alors que Macron veut ruiner la culture et l'identité française. On ne pourra plus les réparer après ça! », expliquait-elle autour d'un café au rédacteur en chef de Grand Lille Tv et à ses collègues, suite à son interview sur leur chaîne. Le chef d'antenne de Tv Melody, ancien colistier de Marine Le Pen aux régionales et cadre au Front national de Lille, profita de cet échange pour la féliciter. Moment qu'elle ressentit avec une gêne certaine. Xavier Bertrand, en revanche, condamna sévèrement son choix, de même qu'une bonne partie de la classe politique locale. Officiellement, en tout cas. «Xavier Bertrand n'arrête pas de dire que son ennemi c'est le FN. Il ferait mieux de dire que son ennemi c'est ce qui fait monter le FN et de proposer des solutions aux français, ce serait plus intelligent », ajoutera Gilles Boussac.

Revêtant les habits d'une tacticienne, elle appelait en substance à faire gagner Marine Le Pen afin de lui imposer au terme des législatives une cohabitation avec François Baroin. Cette stratégie alambiquée aurait le mérite de permettre à le droite de gouverner, tout en contrecarrant le projet jugé nihiliste d'Emmanuel Macron.

Au sein des LR, de nouvelles tensions apparaissaient. D'un seul coup, des juppéistes et lem@éristes redevenaient des militants Les Républicains, et s'arrogeaient le droit de juger ceux qui ne suivraient pas la ligne « officielle. » Dès les premiers jours, la question de l'expulsion de Sens Commun revenait sur le tapis, car le mouvement se désolidarisait de la consigne de vote énoncée par François Fillon. Eux-mêmes, qui défendaient quelques semaines auparavant leur devoir de conscience. Eux-mêmes, qui brandissaient la liberté d'opinion dès décembre 2016 afin d'impacter le programme présidentiel de François Fillon, se retrouvaient à demander à demi-mots l'exclusion des fillonistes - amalgamés pour le coup à Sens Commun – au nom d'une certaine 'bien-pensance.' Et de leurs intérêts politiciens, bien sûr. Ces leméristes et juppéistes qui avaient fait respectivement 2,3 % et 33 % à la Primaire de la Droite et du Centre, avec le soutien assez appuyé des électeurs de gauche, puis avaient joué un double jeu, prétendaient à nouveau incarner la seule sensibilité viable des Républicains. Selon eux, le programme de François Fillon aurait été responsable de la défaite. Qu'importe leurs propres coups bas et leurs manœuvres pour faire perdre la droite, qu'importe le fait que le programme de François Fillon ait agrégé 20 % des voix et servi de référentiel commun à des militants dont l'enthousiasme a été plus ou moins affecté par les révélations de la presse. Le bouc émissaire était tout trouvé, et « Delenda Fillon » répétaient-ils en jouissant. Leur plaisir inavoué n'avait d'égal que leur morgue retrouvée.

Le mardi 26 avril, un responsable juppéiste téléphona ainsi à une jeune responsable départementale d'un comité de soutien à François Fillon, étudiant à Paris à ses heures. Après des semaines de silence radio, et de messages troubles sur les réseaux sociaux. Dramatisant la situation, feignant d'être inquiet pour l'avenir de la démocratie, prenant un ton lourd sans pour autant parvenir à contenir sa joie devant l'ironie de la situation, il appelait la jeune femme à « obéir » à la décision de François Fillon et à mobiliser tous ses militants fillonistes pour aller tracter en faveur d'Emmanuel Macron. Directif et narquois.

« Je lui ai juste répondu que je viendrais avec une vingtaine de personnes pour tracter, donc qu'il n'aurait pas besoin de venir avec ses propres militants juppéistes, et qu'il n'aurait qu'à ramener ses cartons de tracts d'En Marche près du métro République. Ce jour-là, je lui ai d'abord dit qu'on aurait un peu de retard, puis je n'ai plus répondu à ses appels. Il m'a envoyé au moins dix SMS et laissé plusieurs fois des messages pour me demander où nous étions, car il voulait qu'on l'aide à porter parce qu'il avait 'beaucoup de tracts avec lui et que c'est lourd.' Et bien, il a attendu plusieurs heures sur la place, le gars. Le lendemain, quand il a retéléphoné encore une fois, j'ai décroché juste pour lui dire : 'non, mais tu ne croyais pas sincèrement qu'on allait tracter pour votre candidat après tout ce que vous nous avez fait contre le nôtre?' Allez-vous faire voir ! »

Toujours la même histoire. Le départ sale des juppéistes et leméristes, les vols de données adhérents et de fichiers grands donateurs rapporté par des membres du QG, le piratage du compte tweeter des jeunes avec Fillon, les interférences diverses, le mépris des juppéistes, les pressions subies tout au long de la campagne, les coups bas, les invectives et déclarations méprisantes à l'égard des fillonistes, ce fameux surnom de « radicalisés », avaient marqué au fer rouge le cœur des fillonistes.

Alors que se positionnaient les uns et les autres en vue du second tour, des combats verbaux d'une extrême violence agitaient certaines réunions ou discussions sur les réseaux sociaux. Entre ceux qui appelaient à voter Macron, ceux qui prônaient l'abstention et ceux qui appelaient à faire barrage à En Marche, voire tout bonnement à voter FN, nulle mesure n'était plus possible.

« « Ce qui me choque le plus, c'est que cet acharnement sur François Fillon n'avait pour but que d'empêcher une réelle confrontation d'idées et un vrai débat démocratique à un moment où le pays, mais aussi l'Europe, en avait vraiment besoin. On aurait dû avoir une confrontation Fillon - Macron. On a privé les Français de ce débat et on les a mis dans une posture de 'non choix' ou de 'choix par défaut.' Les Français, passionnés de politique, méritaient mieux que ça. On aurait peut-être vu que Macron n'avait pas de programme clair, ni structuré ! », précise Astrid Renoult. La fameuse phrase « pensez printemps », et l'inquiétante déclaration d'Emmanuel Macron le 21 avril, après un attentat mortel : «Je ne vais pas inventer un programme de lutte contre le terrorisme dans la nuit », raisonnaient encore dans tous les esprits.

## Epilogue : « La Droite est orpheline »

« Pas mal de gens ont été choqués par le ralliement d'Alain Juppé à Emmanuel Macron, alors même qu'il ne payait pas ses cotisations à LR. Juppé avait finalement créé l'UMP non pas pour rendre service à Chirac, mais pour servir ses propres intérêts », rage une cadre de la société civile. En revanche, Alain Juppé a toujours gardé la défaite amère après la présidentielle. Au terme d'un rendez-vous à Bordeaux avec ce dernier, en mai 2017, Isabelle Hyvoz garde l'image d'un homme abattu. Soutien historique d'Alain Juppé, cette dernière n'a de cesse de justifier le comportement de ce dernier par la frustration liée à la défaite. «Je l'ai senti malheureux, explique-t-elle, il parlait du rendez-vous manqué, de son dernier espoir perdu, de la dernière fois, de son rêve d'un programme qui unirait les français et ne s'adresserait pas seulement à la droite. Il avait conscience qu'il avait sous-estimé l'impact du Ali Juppé et qu'il n'avait pas été assez agressif durant la campagne de la Primaire. Surtout, il disait avoir analysé ses erreurs, et que le succès d'Emmanuel Macron lui a fait comprendre ce qu'il aurait dû faire. »

« Les juppéistes ont tout le temps cherché à changer le projet de François Fillon. Ils y sont finalement arrivés aux législatives, et l'échec de LR a été un beau désaveu de leur tactique ! »
Juppé n'a pas du lire le programme, car il critiquait ce qu'on proposait alors même qu'il avait écrit peu avant des choses similaires dans « pour un État fort », rétorque en revanche Yves d'Amécourt.
« Fillon a juste voulu en finir avec l'habituelle hypocrisie qui paralyse le pays. C'est la raison de son succès durant la Primaire. Et c'est pour cela qu'il a été critiqué comme populiste par les médias », ajoute-t-il. Rappelant que la république s'est fondée sur la méfiance du peuple, Yves d'Amécourt en conclut qu'en France, un candidat qui construit son programme avec les citoyens devient suspect. La presse «bobo» aurait ainsi refusé de considérer la société civile car elle serait intellectuellement incapable de concevoir que d'intéressantes propositions puissent émerger des provinces françaises. Une explication somme toute assez incomplète.

L'absence de programme d'Emmanuel Macron revient également très régulièrement dans la bouche des fillonistes . «Il n'a rien de concret et bricole à grands renfort de coups de communication», avance ainsi Danièle Deschamps. « Macron ne fait que financer de nouvelles contraintes pour nos agriculteurs et nos entreprises », renchérit Yves d'Amécourt.

« Macron a repris le programme de François Fillon, mais ne l'applique pas de la même façon.

# Les «radicalisés», chronique d'une lapidation politico-médiatique

Il n'est pas rigoureux. Le programme que nous avions bâti était cohérent, alors que celui d'Emmanuel Macron n'a aucune cohérence. François Fillon avait par exemple en tête le risque de remontée des taux d'intérêt. On avait prévu que les comptes que laisserait Hollande seraient faux, alors que Macron a fait semblant de le découvrir en oubliant qu'il avait été à Bercy », explique Béatrice Martineau, « c'est un grand gâchis organisé. »

En octobre 2017, à une réunion du conseil politique de la fédération de Gironde, Alain Juppé expliquait qu'il ne fallait pas mettre de bâtons dans les roues du gouvernement mais au contraire travailler avec lui. En parrallèle, Alain Juppé s'essaie à un périlleux exercice de grand écart en tentant d'imposer ses fidèles à la fois au sein de LR et de En Marche.
« Je suis formellement contre une alliance entre LR et En Marche, car ça reviendrait à ouvrir la porte au FN », précise à ce sujet Yves d'Amécourt, ami d'enfance de François Fillon.

«Wauquiez risque de vouloir tuer la société civile afin de centraliser le pouvoir», craint en revanche Loïc Leprince Ringuet. La défaite de François Fillon priverait ainsi selon lui la Droite française d'une incroyable innovation militante. Les membres de Force Républicaine comptent ainsi sur Annie Genevard, proche de Laurent Wauquiez, afin d'inciter ce dernier à prendre à nouveau en compte la composante Force Républicaine et Société Civile tout au long des prochaines années !
Beaucoup de fillonistes gardent en revanche une certaine rancune à l'encontre de Laurent Wauquiez, refusant toute adhésion ou réadhésion au parti, et affirmant vouloir s'en émanciper. La figure de Bruno Retailleau rassurait les uns, tandis que celle de Rafik Smati essayait de tirer à lui l'étiquette de la société civile. Force Républicaine gardait la légitimité historique, Objectif France promettait de sauvegarder la société civile de toute tentative de reprise en main par les politiciens.

La distinction entre les deux mouvements n'avait cependant pas été réellement faite, et une large zone d'ombre les entoure toujours. Des négociations afin de placer certains de leurs candidats aux élections européennes, puis aux élections intermédiaires suivantes, seraient en cours au sein des États majors.
Au fond, peut-être espèrent-ils seulement réitérer l'exploit de la campagne de la Primaire, où la victoire fut initiée par une poignée de convaincus, loin des structures du parti les Républicains?

Objectif France a en effet pris son envol lorsque Gilles Boussac, responsable des Bouches du Rhone, présentait Rafik Smati à Pierre Danon. Ce dernier, peut-être afin de couper l'herbe sous le pied aux «ambitieux» rassemblés derrière Bruno Retailleau, -préparant la prochaine bataille électorale, appuya l'initiative.

# Les «radicalisés», chronique d'une lapidation politico-médiatique

Corine Martineau sera la seule responsable de poids à siéger au sein des deux mouvements. Jusqu'à l'automne 2018, du moins.

Au conseil National LR à la rentrée 2017, Nicolas Sarkozy fut évoqué sans cesse. Chaudement applaudi et encensé, comme pour effacer des mémoires tous les événements survenus depuis 2012. François Fillon, malheureux candidat de la droite et centre à la présidentielle, n'a pas été mentionné une seule fois par ses anciens «amis.»